# 家校共育 与爱同行

孙建华 主编

图书在版编目(CIP)数据

家校共育　与爱同行 / 孙建华主编. -- 长春：吉林文史出版社，2022.4
ISBN 978-7-5472-8460-5

Ⅰ.①家… Ⅱ.①孙… Ⅲ.①学校教育 - 合作 - 家庭教育 - 研究 Ⅳ.①G459

中国版本图书馆 CIP 数据核字(2022)第 055178 号

| | |
|---|---|
| 书　　名 | JIA XIAO GONG YU YU AI TONG XING<br>家校共育　与爱同行 |
| 主　　编 | 孙建华 |
| 责任编辑 | 王丽环 |
| 封面设计 | 张飞飞 |
| 出版发行 | 吉林文史出版社 |
| 地　　址 | 长春市福祉大路 5788 号　邮编：130118 |
| 网　　址 | www.jlws.com.cn |
| 印　　刷 | 潍坊新天地印务有限公司 |
| 开　　本 | 700mm×1000mm　　1/16 |
| 印　　张 | 13.5 |
| 字　　数 | 180 千字 |
| 版　　次 | 2022 年 4 月第 1 版　2022 年 4 月第 1 次印刷 |
| 书　　号 | ISBN 978-7-5472-8460-5 |
| 定　　价 | 48.00 元 |

# 前 言

重视家庭建设,注重家庭、家教、家风,关系到国家长治久安,关系到人民安居乐业,责任重大,意义深远!这段话点出了家风、家教对孩子成长的重要性。父母是孩子的第一任教师。从一个人接受教育的过程来看,家庭教育是一个人接受最早、时间最长、影响最深的教育。一个人从出生到成人,都离不开家庭的教育和影响。

苏霍姆林斯基把学校和家庭比作两个"教育者",认为这两者"不仅要一致行动,要向儿童提出同样的要求,而且要志同道合,抱着一致的信念"。这就需要提高家长对家庭教育的认识,让家长积极承担起教育者的责任,这样才能形成合力。

随着教育改革不断深入,学校教育的开放力度不断加大,家长的教育意识越来越强,家长的需求越来越高,家校矛盾也越来越多,家校合育势在必行。鉴于此,兴安小学从2017年起,就开始了"家校共育 与爱同行"的研究,目的正是通过提升家长的育子水平,更好地发挥家庭教育的优势,用家庭教育的优势来弥补学校教育的不足,使家庭教育对学校教育形成强大的支持。最终使双方优势互补,为孩子健康成长营造一个良好的育人环境。

我们从构建学校、年级和班级三级家委会开始,不断地辐射、带动所有家长参与到"家校共育 与爱同行"活动中来。通过"走出去,请进来"等方式进行学习培训,提升了家委会及所有家长的教育能力,践行了家庭教育重于学校教育的理念。

转眼之间,"家校共育 与爱同行"研究实施已逾三年,我们构建家校共育课程,取得明显成效。助学岗天天接送学生,做到了和学校共同守护孩子安全;家长课程座无虚席,提升了家长育子水平;研学旅行路上的"红马甲",构成了一道道亮丽风景线……最为可喜的是,很多家长成长为家庭教育专家,家长课程开课时,他们主动把自己的育子经验和其他家长分享!

  "家校共育 与爱同行"的研究实施,使家校形成教育合力,心往一处想,劲往一处使,相互配合,相得益彰,促进了孩子们健康茁壮成长!

孙建华

2020 年 12 月 6 日

# 家校合作共育才会使教育更有爱的力量

赵 刚

拜读了山东省潍坊市安丘兴安小学的"家校共育 与爱同行"课题研究成果，作为一个祖籍山东的教育人，深为同乡的教育情怀与敬业精神所感动。"没有爱就没有教育"这句定律般的教育格言，在现实教育中是否真正被运用？教育力量到底有多大？尤其是孩子的第一任老师"家长"是否认同并具备这种科学的爱？从而与学校老师形成教育合力，值得我们反思与研究。现实是不容乐观的，亲师间多是爱的分离，学校老师的苦口婆心被很多家长的溺爱与无爱所抵消。让家长与教师成为教育的伙伴，各司其职，分担其责，是被国际社会教育改革与发展证明的成功经验，但在我们现实的教育实践中还有很长的路要走。兴安小学探索的经验给我们的教育教学工作带来了有益的启迪与借鉴。

家校合作是指家庭和学校两个相对独立的社会组织进行的一种旨在促进青少年儿童健康发展的相互配合、相互协调的互助活动。家校合作不仅对青少年儿童的发展具有很大的推动作用，而且对家长和教育工作者教育水平的提高以及中小学管理的现代化都有重要的意义。

没有家长的配合，学校教育孤掌难鸣；而没有学校和相关部门的指导，家庭教育也就举步维艰。面对两代独生子女群体和社会种种影响的冲击，家庭和学校教育都遇到了前所未有的困难和挑战，家庭和学校只靠本身的力量难以提高教育效果。因此，家庭比以往任何时候都需要学校帮助，学校比以往任何时候都需要家长支持。学校教育与家庭教育存在着天然的联系，家校合作愉快，受益最大的是学生；家校发生冲突，受害最大的不只是学生，还有家人、他人，甚至还会危害社会。如果把学校教育比作双轮手推车的一个轮子，那么，家庭教育就是另一个轮子。只有双轮驱动，才能将孩子平稳地推向未来。

家校合作的核心是亲师协同。亲师协同就是学生的父母与老师配合工作。家长与教师将教育资源整合在一起，进行互补，孩子的成长会更健全，学习效果会更好。亲师协同的共同出发点是家长与教师对孩子真诚的关爱。亲师协同的基本要求是在工作上相互支持。不支持就谈不上合作，就会出现不良结果。家庭、学校和学生的关系，可以用等腰三角形做比喻：学生是顶点，家庭和学校是底边的两个点。命题是：底边越长，顶点越低；底边越短，顶点越高。结论是：家庭和学校距离越远，学生的发展越低；家庭和学校的距离越近，学生的发展越高。事实上，一个孩子走进学校之后，家庭和学校就成了同盟军，把孩子培养成人、塑造成材是双方的共同目标，这使他们同心、同德、同向、同行、同育。这种共同的愿景构成家校合作、亲师协同的基础。

现代学校制度构建起专业化的教师队伍。作为孩子第一任老师的家长若无专业化的知识与方法，把孩子养育得伦理不通、生活无能，期望第二任的学校老师把孩子变得优秀，无异于痴人说梦。家校共育、亲师协同，与爱的教育同行。兴安小学的研究与探索，是对我国当前家庭、学校、社会协同育人机制建设的重大贡献。向他们致敬！

（序者系中国国际民间组织合作促进会理事兼家长与教师合作管理委员会理事长、中国教育学会学术委员会委员兼家庭教育专业委员会副理事长、东北师范大学家庭教育研究院院长）

2021 年 9 月 16 日

# 目 录

## 第一章 基于促进学生健康成长的"家校共育 与爱同行"研究 …… 1
第一节 研究背景 …… 1
第二节 研究目标 …… 2
第三节 研究方法 …… 4
第四节 研究过程 …… 4
第五节 课程研究成果 …… 8

## 第二章 家校共育课程实施策略及家长家庭教育需求调查问卷 …… 9
第一节 家校共育课程实施策略 …… 9
第二节 家长家庭教育需求调查问卷 …… 16

## 第三章 "家校共育 与爱同行"课程 …… 34
第一节 低年级段习惯养成 …… 34
第二节 中年级段兴趣培养 …… 56
第三节 高年级段健康成长 …… 79

## 第四章 家校共育课程教案 …… 116
第一节 培养孩子良好的学习习惯 …… 116
第二节 促进学生与家长和谐相处 …… 118

- 第三节 教孩子学会跟老师沟通 ·················· 120
- 第四节 引导孩子的学习动机 ···················· 123
- 第五节 走进青春期 ···························· 130

## 第五章 家校共育"金点子"分享 ················ 136
- 第一节 沟通陪伴教育 ·························· 136
- 第二节 沟通 平等 赏识 ······················ 146
- 第三节 扬自律风帆 助成功人生 ················ 150
- 第四节 与孩子一起成长 ························ 155
- 第五节 耐心沟通 走进孩子心中 ················ 165
- 第六节 "指尖微交流"家校心连心 ·············· 167

## 第六章 家教故事分享 ·························· 169
- 第一节 细心耕耘 静待花开 ···················· 169
- 第二节 厚道孝悌 敬学爱信 ···················· 171
- 第三节 特殊时期的保驾护航 ···················· 174
- 第四节 改变自我 与孩子共成长 ················ 175

## 第七章 教育心得 ······························ 178
- 第一节 教师篇 ································ 178
- 第二节 家长篇 ································ 192
- 第三节 孩子篇 ································ 201

# 第一章 基于促进学生健康成长的"家校共育 与爱同行"研究

孩子是家庭的一面镜子,父母是孩子的第一任老师。新时代,越来越多的家长意识到家庭教育的重要性,家庭教育也越来越受到很多家长和学校的重视,家校共育势在必行。实施家校共育策略,构建家校共育课程,促进孩子健康成长,确实需要教育工作者认真思考和探索。

家校共育课程作为实施家庭教育的载体,是我们课题研究的重心和难点。为此,笔者带领安丘市兴安街道兴安小学的"家校共育 与爱同行"研究团队,以课题研究形式,进行了创造性的探索。构建了新形势下"家校共育 与爱同行"课程。本章即是课题研究的开题报告,包括研究的背景、目标、方法、过程、考评制度以及课题预期成果。

## 第一节 研究背景

习近平总书记在全国教育大会上说:"家庭是人生的第一所学校,家长是孩子的第一任老师,要给孩子讲好'人生第一课',帮助扣好人生第一粒扣子。"中共中央国务院《关于加强和改进未成年人思想道德建设的若干意见》中指出:家庭教育在未成年人思想道德建设中具有特殊重要的作用。要把家庭教育与社会教育、学校教育紧密结合起来。在今年两会上,多位人大代表一致认为:学校教育之外,家庭教育的问题更大,因此如何提高家庭教育水平,凝聚家校育人合力,办好人民满意的教育,已成为社会焦点。在实际生活中,因为家庭教育出问题的孩子也有很多。

2017年10月,我刚到兴安小学的第一个学期,六年级有个叫小鸣的男孩很调皮,经常和同学打架。但是从一年级开始就没有老师敢管他。因为孩子的父亲酗酒,孩子一旦犯错,教师和家长沟通,家长不问青红皂白将孩子往死里打,老师就不敢告诉他孩子的问题了。这期间,我多次和他沟通,让他不要酗酒,不要动辄打孩子。可是他的观点是棍棒底下出孝子,听不进我的劝告。随着时间推移,孩子更加顽劣,更加叛逆,老师管不了,家长也管不了。小鸣经常辍学,家长到处寻找,找回来之后再辍学。小鸣的毛病越来越多,后来发展到偷盗等。家长终于意识到自己的教育问题了,打电话跟我说后悔不听我的劝导,但此时小鸣已很难管教了。

这是一个典型的因为家庭教育有问题而把孩子带歪的案例。在实际生活中,这样的案例存在很多。新时代,要培养能担当民族复兴大任的时代新人,要求为党育人,为国育才。如果再把教育孩子的重任全部推给学校,那家长就是在推卸责任。家长是孩子的第一任老师,家庭是孩子的第一所学校,家庭教育建设就显得尤为重要。因此,自2017年以来,我就带领安丘市兴安街道兴安小学的家庭教育研究团队积极开展家校共育策略研究与探索。通过三年的努力,在探索如何形成行之有效的新型家校共育模式,凝聚强大的家庭学校教育合力,助力孩子健康成长方面,取得了突出的成效。

# 第二节 研究目标

以习近平总书记在全国教育大会上的讲话为指导,结合当前我校家庭教育的现状,确定如下研究目标:

1.解决"教育是学校和老师的责任,与家庭无关"的认识误区。现在,好多

# 第一章 基于促进学生健康成长的"家校共育 与爱同行"研究

家长因为自己忙,对子女的教育不怎么上心,还有些家长看起来很"上心",也就仅仅体现在给孩子找个好学校,然后就把孩子的教育完全扔给了学校和老师。

2.解决"重文化成绩,轻音体美劳,德行实践能力养成边缘化"的问题。良好的文化知识教育和品德教育关系着学校能否培养出满足社会需要的有用人才。但是,现阶段在高考的压力下,很多家长最关心的、认为最重要的是孩子的考试分数,家长对考试分数过分看重,把成绩作为衡量孩子好坏、预测其未来能否成才的唯一标准。因此很多家长对孩子的知识、智力抓得很紧,将学习成绩视为学校教育内容的全部,忽略孩子的行为习惯、品德教育,忽略孩子的人格培养。很多孩子虽然掌握了不少书本知识,却不具备独立生活、适应环境、团队协作的能力。

3.解决"娇惯宠溺,重物质投资,轻心理人格素质和责任感培养"的问题。过分重视对孩子的物质投资,忽略对孩子心理的关爱培养,已成为当今家庭教育的一个普遍现象。大多数孩子在物质方面都过着一种极其享乐的生活,即使经济条件比较差的家庭,家长也千方百计娇惯宠溺,导致很多孩子以自我为中心、骄傲、任性、自私、我行我素、不懂感恩、毫无责任感、没有集体主义精神、缺乏集体生活中的协调合作。

4.解决"缺失学生成长生涯助力和学生成长长期目标"的问题。在学生的成长过程中,大多数父母缺乏对子女的必要呵护和关爱,对子女心理健康的关心和心理素质的培养不够重视,忽略了与孩子的心理沟通和心灵交流,未能及时疏导孩子在成长过程中产生的不良情绪并对其开展相关教育;另一方面,有些家长因为教育素质偏低,不能与时俱进学习现代教育知识,紧跟时代变化,导致他们很难了解青少年的心理特点及成长规律,严重缺失对学生健康成长目标的规划。

# 第三节 研究方法

1.调查了解归纳法。通过家访、家长反馈、问卷等方式对家校共育的现状开展调查,了解学校、家庭的实际需求和困难,有针对性地进行研究和指导。

每学期开展一次全域家访,每个年级都发放调查问卷,征集目前家庭教育中存在的问题,作为课题研究的依据,做到有的放矢。

2.行动研究法。在校外专家的指导下,以学校为载体,以家长为平台,以培训为主线,创造性地运用理论指导我校的家校共育实践。

每学年举办四次家长课程,邀请知名家庭教育专家到校培训。学校家庭教育主讲教师针对家长在家庭教育中存在的问题固定每周三和家长沟通,以此让学生的问题及时得到解决,畅通家庭教育途径。

3.经验总结法。针对调查摸底情况和课程培训情况及时进行总结,相互交流经验,完善研究设计,推广研究成果。形成终结性报告,在潍坊市范围内推广。总结家校共育的典型案例和经验,整理成书。

# 第四节 研究过程

为推进研究过程,学校成立了以校长为组长、家庭教育总协调员为副组长、各班主任为成员的家校共育工作小组。并建立了相关考评制度,与教师考核、评优、晋级挂钩。具体措施如下:

**准备阶段**

(一)理论学习,提升专业素养

学校为课题组老师及家长课程骨干教师提供大量的家庭教育、心理健康教育等方面的书籍和报刊。另外课题组成员还建立了文献资料库,将自己找到的好文章放到资料库里与其他成员共享。学校定期召开课题研讨会,分享读书收获,交流读书心得,提升了课题组成员的专业理论素养。

(二)专家培训,提供专业指导

为保证课题研究的专业性和科学性,学校积极组织教师外出培训,课题组负责人和家庭教育总协调员参加潍坊市教育规划立项课题培训会,重点学习课题研究的价值和课题研究的步骤与方法。有关课题组成员也多次外出参加家庭教育相关培训,返校后及时组织二次培训,将培训内容传达给课题组其他成员及家长课程骨干教师。

(三)成立研究团队,保障研究进展

为保障课题研究顺利开展,学校成立课题项目研究团队:

组长:孙建华

副组长:刘可妍

核心成员:崔素艳、李华、韩爱兰、李倩、徐莲美、李淑华

副组长为家庭教育总协调员。由家庭教育总协调员明确每个核心成员的分工、要求和具体工作任务,引导核心成员各负其责。

(四)确定研究思路

1.每位成员每周要坚持学习家庭教育理论和现代教育知识,并记好相关学习笔记,不断丰富和完善自己的业务理论知识,构建研究的理论框架,为课题实施奠定基础。

2.每位成员教师要将家校共育实施方案中的目标和任务细化,确定每阶段的分步目标,落实到位。

3.要对学生家庭教育的困惑、疑难及教育能力进行现状调查。设计调查问卷,制订访谈计划,与学生、教师、家庭和学校紧密配合,营造良好的课题研究调查环境,确保调查结果的有效度与可信度、客观性与真实性。

4.对提升家庭教育能力和参与家校共育热情度、提升现代教育知识的方

法进行研究。为家长提升育人能力、参与家校共育模式创造一个良好的学习环境,让家长在民主和谐的氛围中发挥主动性和创造性。各班建立以班主任为统领的班级家委会,利用各种形式提升家庭教育水平;家长、教师建立畅通联系渠道,联手合力共同育人。

5.每位成员教师要深入家庭,进行实际育人指导。并组织好育人方法模式的交流、研讨、反思和总结。每学期至少深入家庭两次,进行阶段性总结和交流,收集整理有关资料,形成书面材料。

6.增强成果意识。要及时反思回顾,认真总结课题研究中的经验、教训,以案例、教育叙事、论文的形式形成阶段性研究成果;及时、妥善地收集整理好各种资料,全面总结并形成科学完善的"提高家庭学校携手育人能力的实验与研究"的报告。

7.积极争取学校领导、相关任课教师和科研部门有关专家的指导和支持。

(五)研究考评制度

对家长的成长实施学分制,根据家长参与课程学习的多少及学习质量高低进行综合评价,记录分数,作为学期末评选优秀家长的依据,以此激励家长积极参与家校共育。

另外,每学期开展学生成长"规划"——"一生一梦想"活动,制定长期和短期目标,逐步实现学期目标,再以"品行银行"作为学生评价机制,把对优秀家长的考核计入学生"品行银行",让学生和家长充分利用"品行银行"存储评价机制,参与学生和家长同成长的教育学习中,让学生家长同时感受到成长快乐,引领学生追求梦想,实现人生目标。

_____年级_____班_____家长成长学分记录表

| 时间 | 必修学习 | 选修学习 | 自修学习 | 参加学校管理活动 | 学生评价家长 | 分数 |
|---|---|---|---|---|---|---|
|  |  |  |  |  |  |  |
|  |  |  |  |  |  |  |
|  |  |  |  |  |  |  |
|  |  |  |  |  |  |  |
|  |  |  |  |  |  |  |
|  |  |  |  |  |  |  |
|  |  |  |  |  |  |  |
|  |  |  |  |  |  |  |
|  |  |  |  |  |  |  |
|  |  |  |  |  |  |  |
|  |  |  |  |  |  |  |
|  |  |  |  |  |  |  |
|  |  |  |  |  |  |  |
|  |  |  |  |  |  |  |
|  |  |  |  |  |  |  |
|  |  |  |  |  |  |  |
|  |  |  |  |  |  |  |
|  |  |  |  |  |  |  |
|  |  |  |  |  |  |  |
|  |  |  |  |  |  |  |
|  |  |  |  |  |  |  |
|  |  |  |  |  |  |  |
|  |  |  |  |  |  |  |
|  |  |  |  |  |  |  |
|  |  |  |  |  |  |  |
|  |  |  |  |  |  |  |
|  |  |  |  |  |  |  |
|  |  |  |  |  |  |  |
|  |  |  |  |  |  |  |
|  |  |  |  |  |  |  |

说明：

1.此表格分数统计作为评选优秀家长的依据。

2.必修学习内容为潍坊市教育局规定的每学年要求的八节课程。

3.选修学习内容为通过问卷调查梳理出的家长需求度高的问题，家长根据自己的需求自愿参加课程学习，授课人系知名教育专家和本校教师。

4.自修学习内容为家长自我拓展的家长课程。

5.以上活动参加一次计一分，学期末汇总。

# 第五节　课程研究成果

家长更加重视学生家庭教育，积极学习家庭教育知识，参与到学生的教育管理中来，并能够配合学校，和学校、教师形成育人合力，实现学生健康成长。

一、形成课题研究性报告，向上级申报。（2020.07）

二、通过报纸、电视等媒体宣传和推介，在全社会推广家校共育，形成良好的社会氛围。（2019.09—2020.06）

三、创建安丘市、潍坊市家庭教育示范学校。（2020.12）

四、召开现场会，在全市推广先进经验做法。（2020.10）

五、培养出一部分家庭教育先进、突出人才，优秀班主任和家委会主任等，凝聚家校育人合力，办人民满意教育。（2019.12，2020.07）

六、构建家校共育课程，并取得成效。

# 第二章 家校共育课程实施策略及家长家庭教育需求调查问卷

## 第一节 家校共育课程实施策略

为进一步推动家校共育工作向纵深发展,在发现家校合作的问题后,经过分析研讨,我们采取以下策略来改善我们学校的家校合作现状。

**(一)树立家校共育理念,创新工作方法,提升家庭教育指导的实效性。**

1.通过邀请校外知名专家给家长做家庭教育知识报告,开展亲子活动、家长志愿服务等,转变家长思想观念。充分利用微信交流便捷、广泛的优势,组建起家庭教育学习群,聘请知名家庭教育专家武际金、张光鸿等为广大家长普及家庭教育知识,解决棘手问题,开展多视角教育知识学习活动,促使家长们主动学习,提升家庭教育水平。

2.开齐开足家长课程,开全起始年级家长教育衔接课程,每学期都安排家长开学第一课、父母大讲堂等课程,针对不同层次的家长设计教学内容,提高课程的实效性与针对性,真正使家长学有所得,学以致用。

3.鼓励家长撰写"亲子日记",记录孩子成长的点点滴滴,反思教育过程的成功与不足,让家长通过行动潜移默化影响和带动孩子。家委会和学校联手开办《亲子共成长报》家庭教育专题专栏,编辑出版《亲子共成长日记》特刊,为家校共育营造良好氛围,搭建起互动、交流、学习平台。

4.开展"家校共读"活动。在班级群内诵读《父母规》和"每日一诗",使家长、教师、学生通过读书、分享、辩论等不同方式促进交流,增加知识积累,达成共识,形成家校共育合力。

5.对每个年级段的家长进行调查问卷,梳理出每个年级家长关注度最高的五个问题,作为家庭教育骨干讲师重点研究的小课题,进行深入研究,逐步提升家庭教育工作质量,其中课题《家校携手助力学生健康成长研究》已被潍坊市立项为重大课题。

6.定期举办优秀家庭教育展示会、家庭教育论坛等活动,树立学习型家庭榜样,让家庭带动家庭,使部分落后家长转变思想,主动接受先进、科学的家庭教育知识。

**(二)强化家校共育队伍建设,壮大家校共育骨干力量。**

1.成立健全班级、年级、学校三级家委会,拓宽教育渠道。家长委员会是学校和家长沟通和联系的纽带,这些家长不仅为班级活动出谋支招,同时也为学校的整体建设建言献策。从目前发展态势来看,家长委员会已经是一个学校是否优秀的重要标志,完善健全的家长委员会对于创设良好教育生态环境意义重大。三级家委会成立后,我校高度重视家长委员会对推进现代化学校建设的重要作用,把家委会建设作为全面推进家校合作、深化学校课程教学改革的重大举措,严格按照教育部《关于建立中小学幼儿园家长委员会的指导意见》要求,积极为家委会开展工作提供物质、制度和组织保障。学校设立专门的家委会办公室,确保家长委员会在事关学生切身利益的学校管理决策、教育教学监督、校外活动支持和志愿服务以及与家庭沟通等方面发挥实质性作用。还通过聘请专家指导、外出观摩等方式进行对标学习,指导我校的三级家委会参与学校、班级各项事务的管理,制定实施家委会评价方案,推进家委会建设,发挥好积极带头作用,让他们唤醒家长的主动参与意识,提高教育、管理能力,搭建家校共育桥梁。

2.班主任是家校共育工作的衔接点和生力军。落实好班主任培训工作,提高班主任的执行力和沟通力,为家庭教育工作的开展提供有力保障。

3.组建学校家庭教育名师工作团队。通过组织外出观摩学习家庭教育知识、自学、读书交流等方式,打造一支过硬的家庭教育名师工作团队,由工作团队定期对班主任和家长进行培训,系统学习家庭教育知识,以保障我校的家校共育工作有足够的人力支持。

**(三)创新家校沟通机制,逐步建立起"指尖微交流"制度,架起家校沟通"连心桥",积极开展家校共育活动。**

1.开展周三家教"指尖微交流"咨询日活动。学校各班级充分利用每周三无作业日晚7—8点的时间,在班级家长微信群等自媒体举行全体任课教师和家长共同参与的交流会。每周三晚全体家长齐上线,各科老师共上阵,通过形式多样、内容丰富的交流活动,纾困解惑,齐抓共管,形成教育合力。主要做法有:(1)开展线上"学情会商"。班主任和任课老师有针对性地跟家长进行汇报、沟通和交流,并进行学法指导。(2)汇报学生"居家评价"。家长汇报孩子一周内居家表现,向老师们反映自己在教育孩子时遇到的困惑。(3)分享"我说我的家教故事"。班级中优秀家长利用小视频、小案例,分享优秀家教案例及经验。(4)举行"家长主题沙龙"。家长围绕孩子的习惯养成、青春期沟通、孩子为什么会磨蹭、作业应该怎样辅导等主题进行讨论。(5)"互联网+面对面"。利用微信直播功能进行面对面、氛围融洽的互动交流。针对个别特殊孩子,家长单独和任课教师、班主任交流探讨。

"指尖微交流"拉近了家校距离,虽然只有短暂一小时,但进一步加强了家校沟通与交流,增进了家长对学校工作及孩子在校情况的了解,实现了学校和家长心连心,有效提升了办学满意度,减少了家校矛盾,凝聚了家校合力,实现了家校携手共育目标。

2.建立常规化家访制度,每学年至少开展两次"特别关爱 伴我成长"全域家访活动,深化家校沟通。家访主要以面对面交流为主,要研究制定措施,保证家访质量,保证每学期对每个学生进行一次家访,通报孩子在家在校表现,共商教子良方。

我校全域家访采取"重点五访"和"讲、问、听、疏、集"五步工作法。"重点五访"主要是针对贫困生、单亲生、留守子女、学困生、残疾学生等五类学生,进行学习、生活、心理等方面的关爱,为他们营造更加和谐的教育环境,帮助他们克服困难,积极面对生活。"讲",即向广大学生家庭宣传教育法律法规、各级党委政府的教育惠民政策、本校特色,积极营造和谐的教育发展环境;宣传科学先进的家庭教育理念与技术,增强家长的教育能力,逐步形成家校教育合力;"问"即询问学生居家健康状况、居家学习存在的困难、家长家庭教育辅导存在的困难和诉求,是否需要家庭教育知识指导帮助;"听"即认真倾听家长诉求;"疏"即通过交谈疏导家长和学生的心理,安抚家长和学生的焦躁心情;"集"即征集如何促进学生个性化发展,家校如何形成教育合力,家长对学校、全市教育工作的意见和建议。家访中,校长带头,教师全员参与,做到一户不落,一人不漏。家访结束后,教师要做好资料整理留存工作,做到家访次次有记录,学生、家长人人可联系,学校组织各级部将家访征集到的家长居家管理学生困难、学生自制力不强等问题进行梳理,建立整改台账,抓好整改落实。通过全域家访活动,进一步增强家长和教师间的沟通和情感。

3.实行电话公开机制和家长监督机制。向家长公开校长和包级校干电话,充分发挥家长监督职能,让他们参与学校工作计划和重要决策,监督学校的教育教学活动,督促学校改进工作。

4.定期召开家长会,向家长介绍学校的教育教学管理工作,请有经验的家长发言,让家长会内容丰富,形式多样。

5.实行"家长开放日"和"家长助学岗"制度,发挥家长优势,提升学校办学力量,加强家校沟通。校门口醒目的红色马甲筑起的安全防护墙,已成为兴安小学上学放学路上一道靓丽的风景线。

**(四)拓展家校共育实践活动渠道,丰富家校共育课程活动体系。**

1.开展优秀家长到校举办"人生大讲堂"讲学活动。

家长们结合自己的生活、工作,向同学们讲述在书本上学不到的知识,使同学们的视野更加开阔,知识更加丰富。家长们来自各行各业,从事不同工作,从他们口中讲出的大千世界,给孩子们呈现的是非常宽广的知识领域。这些知识是在任何教科书中都找不到的。当交警的爸爸讲交通法规,开茶店的妈妈讲茶道,牙科医生妈妈讲牙齿保健,警察爸爸讲如何保护自己,做公益的妈妈讲女童如何防止性侵、环境保护等。

2.以重大节假日为契机,家委会配合学校开展研学旅行课程。

利用节假日开展假日小队校外社会教育、课外教育等实践活动,拓展校本课程,开阔学生视野。现以我校五年级和二年级各中队开展的活动为例,介绍我校开展的校外社会教育实践活动。

春节到养老院开展"小手拉大手 树文明新风"活动。活动之前,五年级级部家委会主任首先拟订方案计划,上报学校家委会经学校家委会和学校研究同意后,召开本级部所有班级的家委会主任参加的会议,传达本次活动的意义和要求,让家长认识到活动对于孩子成长的重要意义。然后跟各班班主任进行沟通汇报,拟定更加详细、周密、安全的活动方案,最后,各班家委会成员分组行动,细化分工,遇到问题大家共同应对,相互配合。这样五年级级部家委会通过协商制定了五年级"小手拉大手 树文明新风"活动原则和具体要求。然后根据自愿和安全原则组建起多个十至十五人的活动小队,队员必须由家长陪同,辅导员可以陪同前往,选出具有号召力、凝聚力的学生担任小队长,让队员们知晓活动时间、地点以及活动内容。活动结束后,队员们要做好活动记录,写出收获,把活动对帮助孩子们成长的教育意义做到最大化。这些活动家委会可以根据学校和孩子们的实际需要,合理安排,可以每月活动一次或者多次。活动要尽量调动孩子们的主观能动性,集思广益,充分尊重孩子们的意愿,家长和家委会积极正确引导,充分利用各节假日活动,让队员们能从中收获更多知识、更多快乐。

家委会在认真听取老师、家长意见基础上,拓展思路、集思广益。五年级和二年级各中队在同一学年里还组织开展了下列多种类型的社会教育、课外教育活动:五年级全体中队在植树节开展"小手拉大手 植绿护水"活动;五年级三中队清明节到烈士陵园缅怀先烈培养民族精神活动;五年级六中队"八一"节到红色博物馆开展"红色基因代代相传"的红色研学游活动;五年级一中队"我快乐,我成长"远足励志活动;二年级一中队"寻找春天 拥抱自然"远足踏青亲子游活动等。

上述假日活动不仅丰富了学生生活,将教育延伸到学校之外,打破了教育局限,加强孩子、家长群体之间的沟通与交流,也将学校与家庭、社会紧紧连为一体。学生从活动中得到了锻炼,开阔了视野,增长了见识,增强了社会责任感。作为学校课堂教学的延伸,假日活动有着不同寻常的作用。不仅拓宽了学生视野,丰富和深化了课堂教育内容,为他们提供了锻炼实践机会,也丰富了他们的情感体验,锻炼了他们的胆量和待人接物能力,提升了他们的社会责任感,让他们学到了课堂上学不到的知识。

3.布置家庭实践作业,家校共促学生成长。

在当前社会背景下,家长只重视学生考试成绩,导致学生在成长的重要时期严重脱离社会。学生缺乏对社会的了解,缺失对家庭和社会的责任。但是家庭是个小社会,生活即教育,家庭生活的内容涉及各种知识,能让同学们学到许多书本上学不到的知识。一个人劳动能力强,生活技能高,独立生活能力就强,就能对生活充满信心,独立面对各种困难。因此,我校为落实立德树人根本任务,丰富孩子们的寒暑假生活,根据不同年级学生特点,通过设置"润心"微德育课程超市,帮助学生们快乐度假,健康成长。

以下系"润心"微德育课程超市:

(1)"亲子阅读 启智成长课程"。学生与家长一起共读班级推荐书目,背诵经典诗词,一起写读书笔记、感想并编写文集,还可举办家庭读书会,邀请亲朋好友参加。

(2)"新闻时事达人课程"。坚持收看新闻联播,了解国事,放眼世界。观看后每日记录一条感兴趣的新闻。

(3)学当家庭"厨师"、保洁员、记账员的"快乐体验小鬼当家课程"。

(4)"讴歌盛世 献礼祖国课程"。让学生查阅中国革命史资料,了解党史、新中国史、改革开放史、社会主义发展史,学习为中华人民共和国成立做出贡献的先模人物事迹,了解祖国的建设成就。选择一个或几个主题制作一本命名为《我的祖国》的介绍手册(剪贴、画、文字配合),向中华人民共和国成立七十一周年献礼。

(5)"奇思妙想 创新生活课程"。搜集生活中的废弃材料,用自己的奇思妙想动手制作一个富有创意的手工作品;观察日常生活中一些物体在使用时还存在哪些令人不满意的地方,和爸爸妈妈商量该怎样改进,可制作成改变后的实物,也可用文字描述提出改进建议,或用图画的形式表达。

(6)"魅力体育 活力家园课程"。假期中坚持"阳光体育炼一小时",学习并掌握一项新的体育运动技能:毽子、自行车、篮球、足球、羽毛球、乒乓球等。可以选择一项或两项运动,定下奖励和惩罚,和同学、父母共同完成这次挑战,附挑战卡记录挑战历程,由共同挑战人或见证人签名。

(7)"圆梦蒲公英 红心永向党课程"。传唱爱国歌曲;看红色书刊和电影、听红色故事;做好红领巾宣传员,结合"八一"建军节做手抄报,宣传红领巾的光荣史等。

(8)"读万卷书 行万里路课程"。做最美家乡见证者,用心感受家乡的美丽与进步,用相机记录家乡的变化,或拍下家乡的文明事件或文明人物,定格你眼中最文明的一幕,写出家乡的变化或你的感悟,以文字和图片的方式记录下来;争做环保小卫士,与队员、家长组成生态文明志愿小组,争做文明小使者,向身边人讲解环保知识,倡导低碳环保、文明健康的生活习惯,将活动过程用文字和图片记录下来。

4.以激励为核心,建立创新型考核评价制度。

一是对家长的成长实施学分制。根据家长参与课程学习的情况对家长进行评价记分,评价结果作为期末评选优秀家长的依据。对评选出的优秀家长,在全体家长参与的大会上进行表彰。

二是对参与家校共育项目活动的教师进行评价。对参与教师实施奖励加分。学校根据教师承担的任务和完成工作情况进行评价,评价结果纳入教师量化考核和评优树先成绩中。

三是把优秀家长的奖分记入学生"品行银行"。每学期,学校开展"一生一梦想"学生成长规划活动,制定长期和短期目标,先实现短期目标,再实现长期目标。以"品行银行"作为学生评价载体,让家长充分利用"品行银行"存储评价机能,参与到孩子好习惯好品行的养成教育中,让孩子感受到成长快乐,培养优秀品质,引领学生追求梦想,实现人生目标。期末凡是家长在考评中获得优秀的,都在学生"品行银行"中奖励加分,让家长的成长带动孩子的成长,实现亲子共成长目标。

# 第二节 家长家庭教育需求调查问卷

## 调查1:兴安小学家长课程需求度调查
[学生家长基本情况问卷]

**尊敬的家长:**

您好!为了更好地促进家长和教师的沟通与交流,协调学校和家庭的关系,使家长与学校在教育过程中同心同德,共同承担起培养教育下一代的重任,我们特做本次调查。本次调查只作为我们开展工作的参考,不会对您的孩子产生任何影响,同时本次调查采用无记名方式,对您填写的任何内容,我们都予以保密。对于您在百忙之中参与我们的调查表示衷心的感谢!

1.家长基本情况调查:

您及您爱人的工作单位:

孩子父亲的单位、职务:

孩子母亲的单位、职务：

您的文化程度：

您的家庭月收入：

2.您在家庭教育方面是否需要学校的指导与帮助？(请在选项前字母下打"√"，下同)

　　A.不需要

　　B.需要

　　C.非常需要

3.在家庭教育方面，您需要学校提供哪些方面的指导与帮助？(请将您的需求写在下面)：

4.您到学校一般是因为(　　　　)。(可选择多个选项)

　　A.参与课堂教学活动，如听课、备课等

　　B.参与课外活动，如家长会或班会等

　　C.参与家庭教育知识普及等活动

　　D.征求管理班级的意见

　　E.参与班级教育管理和评价

　　F.孩子犯错误时

　　G.其他(请具体写明)：

5.您到学校参加活动的次数为(　　　　)。

　　A.一月一次

　　B.一月两次或以上

　　C.一学期一次

　　D.一学期两次或以上

　　E.从不

6.您认为家长课程活动的次数为(　　　　)比较适宜。

　　A.一月一次

B.一月两次

C.一学期一次

D.两学期两次

7.您到学校的动机是(　　)。

A.积极主动,有义务参与班级管理

B.被动,老师邀请就去,不邀请就不去

C.孩子犯错误了,不得不去

8.您希望学校邀请您到学校的方式是(　　)。

A.让孩子带话

B.打电话

C.发正式邀请函

D.其他方式(具体写明):

9.您认为家长课程的主要内容应该是(　　)。

A.指导孩子学习方法

B.关注孩子的身心健康

C.协助班主任,加强师生沟通

D.参与班级管理,了解孩子班级动态

10.您认为学校有没有必要开设家长课程?(　　)

A.非常有必要

B.没有必要

C.无所谓

11.如果您认为非常有必要或有必要开设家长课程,原因是(　　)。

A.可以更好地与老师沟通交流

B.可以提高孩子的学习成绩

C.可以更广泛深入地参与到学校管理中

D.可以为更多孩子的健康成长做点事情

12.如果您认为没有必要开设家长课程,原因是(　　　)。

A.家长工作忙,没有更多的时间

B.教育是学校的主要任务,家长没有必要过多参与

C.不懂教育,所以不好参与学校的教育

13.您在家庭教育方面有哪些成熟的做法或经验?(　　　)

A.育人知识和技能

B.教子方法、教育案例等

C.尚未形成系统的教育方式

14.您是否愿意与别人分享您的家庭教育经验?(　　　)

A.是

B.否

# 调查2:一年级家长家庭教育需求调查
## [调查问卷]

**尊敬的家长:**

您好!为了更好地了解广大家长的家庭教育需求,增强家长课程的针对性和为家长服务的有效性,提升学校为家长服务的水平,特组织本次调查。本次调查数据仅供研究用,不用于对学生的考核。您不用署名,请根据自己的真实情况实事求是地填写。

真诚感谢您认真填写问卷。

请您根据自身实际情况,从以下问题中选出您关注的项目,在选项前的数字下打"√"(可以多选)。

1.孩子刚刚步入小学,幼小衔接方面该做好哪些准备?

2.孩子在做家庭作业时主动性不强,表扬着逼着才肯学,多做一点儿都不

行,仅仅完成老师布置的作业。

3.孩子在做家庭作业时需要家长陪同才做,而且做完就万事大吉,不会自觉地进行检查。

4.孩子在做家庭作业时精力不集中,拖拉磨蹭,非常浪费时间。

5.孩子在做家庭作业时坐姿、写姿、握笔姿势、书写等习惯不好,一回家就变样,好习惯不持久。

6.家长文化水平不高,不知道如何辅导孩子功课。

7.孩子上学后,只听老师的话,家长的话十回有九回不听。

8.上小学了,孩子经常面对考试。如何引导孩子用正确的心态面对考试成绩,缓解因考试造成的压力。

9.上小学后,孩子的周末被各种培训班安排得满满的,也想让孩子多参加各种实践活动,可是时间冲突,不知如何取舍。

10.孩子性格倔强,总爱顶嘴不服软。

11.孩子性格内向,不合群,不爱表现自己。

12.孩子犯错不认错,自以为是。

13.孩子自理能力差,早晨不及时起床,穿衣服挑三拣四。

14.孩子在饮食上存在挑食现象。

15.孩子总是丢三落四,常常出现需家长送课本、水杯到学校等情况。

16.家长与孩子沟通时极容易发火,脾气急,控制不了自己,发火后又极度后悔,内心想补偿孩子。

17.家长也想着陪孩子读书学习,但是常与工作时间冲突。

18.在实施家庭教育时,家长之间存在教育观念的冲突。

19.面对孩子进步缓慢甚至原地踏步的情况,该怎样做一名好家长,陪孩子慢慢进步。

20.您还期待在家庭教育方面得到哪些指导?请写出来。

21.关于家庭教育的指导形式,您比较喜欢哪几种? (可多选)

A.亲子游戏

B.体验式、互动式

C.讲座式

D.个别家长专题沙龙

E.网络平台

# 兴安小学一年级家长家庭教育需求调查问卷问题汇总

1.孩子自理能力差,早晨不及时起床,穿衣服挑三拣四。

2.孩子在做家庭作业时精力不集中,拖拉磨蹭,非常浪费时间。

3.孩子在做家庭作业时坐姿、写姿、握笔姿势、书写习惯等不好,一回家就变样,好习惯不持久。

4.孩子刚刚步入小学,幼小衔接方面该做好哪些准备。

5.孩子犯错不认错,自以为是。

6.上小学了,孩子经常面对考试。如何引导孩子用正确的心态面对考试成绩,缓解因考试造成的压力。

7.孩子在做家庭作业时主动性不强,表扬着逼着才肯学,多做一点儿都不行,仅仅完成老师布置的作业。

8.孩子性格倔强,总爱顶嘴不服软。

9.家长文化水平不高,不知道如何辅导孩子功课。

10.关于家庭教育的指导形式,您比较喜欢哪几种? (可多选)

A.亲子游戏

B.体验式、互动式

C.讲座式

## 调查3：兴安小学二年级家长家庭教育需求调查

### [调查问卷]

**尊敬的家长：**

您好！为了更好地了解广大家长的家庭教育需求，增强家长课程的针对性和为家长服务的有效性，提升学校为家长服务的水平，特组织本次调查。本次调查数据仅供研究用，不用于对学生的考核。您不用署名，请根据自己的真实情况实事求是地填写。

真诚感谢您认真填写问卷。

请您根据自身实际情况，从以下问题中选出您关注的项目，在选项前的数字下打"√"（可以多选）。

1. 我家有个"小磨蹭"，怎么让孩子改掉这一不良习惯？

2. 家长天天辅导作业、听写复习生字，可是孩子一考试就出错。怎么办？

3. 孩子对电脑、手机等电子产品越来越迷恋。应该怎样正确引导？

4. 打也打了，骂也骂了，鼓励表扬都用过，孩子就是不听话。怎样奖惩才最有效？

5. 家人、老师、朋友为孩子所做的一切，孩子都认为是理所应当的。如何教育孩子学会感恩和关爱他人？

6. 孩子总是跟其他同学闹别扭，动不动就打人。怎么办？

7. 孩子明明很有才华，但不敢在别人面前展示。老师提问的问题孩子都会，但就是不敢举手回答。面对这样的"含羞草"该怎么办？

8. 我的孩子经常跟我说某某打他、骂他、不跟他玩。这种情况应该怎么处理？

9. 孩子的一切都是由妈妈负责，家庭教育中爸爸的参与度很低，有时候爸爸还起反作用。"影子爸爸"会给孩子带来什么影响？

10. 父母在管教孩子的时候，家中老人经常给孩子做"挡箭牌"。面对这种情况该怎么办?

11.智力就是阅读能力,可我的孩子不爱读书。怎么办?

12.孩子最听老师的话,父母说话时总是顶嘴。家长缺乏权威性怎么办?

13.孩子有撒谎、说脏话等毛病,单纯说教收效甚微。该如何帮助他们改正?

14.父母工作都忙,每天陪伴孩子的时间很少。这种情况下应该怎样进行亲子沟通?

15.父母工作繁忙,把孩子交由老人带。孩子在得到无微不至照顾的同时,也形成了依赖性。怎样培养孩子的独立性?

16.出现问题后,孩子总喜欢推卸责任,找各种借口。孩子不能正确面对自己的错误该怎么办?

17.孩子在学习时,遇到一点儿困难就不愿继续进行了。怎么克服孩子的畏难情绪?

18.教育孩子时,家长总是控制不住自己的情绪,常常发火,甚至动手,事后又经常后悔。家长应该如何控制自己的情绪?

19.孩子对什么事情都提不起兴趣来,总感觉没劲,总是应付了事。怎么办呢?

20.孩子写家庭作业时,家长应该做些什么?

21.您还期待在家庭教育方面得到哪些指导?请写出来。

22.关于家庭教育的指导形式,您比较喜欢哪几种?(可多选)

A.亲子游戏

B.体验式、互动式

C.讲座式

D.个别家长专题沙龙

E.网络平台

# 兴安小学二年级家长家庭教育需求调查问卷问题汇总

1.我家有个"小磨蹭",怎么让孩子改掉这一不良习惯?

2.智力就是阅读能力,可我的孩子不爱读书。怎么办?

3.家长天天辅导作业、听写复习生字,可是孩子一考试就出错。怎么办?

4.孩子最听老师的话,父母说话时总是顶嘴。家长缺乏权威性怎么办?

5.教育孩子时,家长总是控制不住自己的情绪,常常发火,甚至动手,事后又经常后悔。家长应该如何控制自己的情绪?

6.孩子的一切都是由妈妈负责,家庭教育中爸爸的参与度很低,有时候爸爸还起反作用。"影子爸爸"会给孩子带来什么影响?

7.打也打了,骂也骂了,鼓励表扬都用过,孩子就是不听话。怎样奖惩才最有效?

8.父母在管教孩子的时候,家中老人经常给孩子做"挡箭牌"。面对这种情况该怎么办?

9.父母工作都忙,每天陪伴孩子的时间很少。这种情况下应该怎样进行亲子沟通?

10.孩子明明很有才华,但不敢在别人面前展示。老师提问的问题孩子都会,但就是不敢举手回答。面对这样的"含羞草"该怎么办?

11.关于家庭教育的指导形式,您比较喜欢哪几种?(可多选)

　　A.亲子游戏

　　B.体验式、互动式

　　C.讲座式

# 第二章 家校共育课程实施策略及家长家庭教育需求调查问卷

## 调查4：兴安小学三年级家长家庭教育需求调查
### [调查问卷]

**尊敬的家长：**

您好！为了更好地了解广大家长的家庭教育需求，增强家长课程的针对性和为家长服务的有效性，提升学校为家长服务的水平，特组织本次调查。本次调查数据仅供研究用，不用于对学生的考核。您不用署名，请根据自己的真实情况实事求是地填写。

真诚感谢您认真填写问卷。请您根据自身实际情况，从以下问题中选出您关注的项目，在选项前的数字下打"√"(可以多选)。

1. 在家庭中，如何帮助孩子准确地说出内心的真实想法？
2. 如何帮助孩子解决学习拖拉的问题？
3. 在教育孩子的理念和方法上，和爱人总是不一致。怎么办？
4. 如何帮助孩子养成自我管理的能力？
5. 如何让自己的孩子和同学、朋友愉快地交往？
6. 如何帮助孩子提高学习自信心？
7. 在家庭教育中，家长和孩子发生冲突时，怎么办？
8. 在家庭教育中，父母的言传和身教应怎样协调？
9. 作为家长，您觉得应该如何实现自己的学习和成长？
10. 在家庭中，如何培养孩子的阅读能力和阅读习惯？
11. 夫妻关系对孩子影响很大，如何经营夫妻关系？
12. 孩子不爱动脑筋怎么办？
13. 怎样让孩子知道学习是生活的一部分？
14. 如何帮助孩子解决低年级向高年级过渡期的作业问题？
15. 如何做个不生气、不唠叨的妈妈？
16. 该不该拿自家孩子与别人家孩子比较？

17.孩子为何与家长对着干?

18.孩子对电脑、手机等电子产品越来越迷恋。应该怎样引导?

19.孩子总是撒谎骗人,在大人面前不说实话。怎么办?

20.您还期待在家庭教育方面得到哪些指导?请写出来。

21.关于家庭教育的指导形式,您比较喜欢哪几种? (可多选)

　A.亲子游戏

　B.体验式、互动式

　C.讲座式

　D.个别家长专题沙龙

　E.网络平台

## 兴安小学三年级家长家庭教育需求调查问卷问题汇总

1.如何帮助孩子养成自我管理的能力?

2.在家庭中,如何帮助孩子准确地说出内心的真实想法?

3.如何帮助孩子提高学习自信心?

4.如何帮助孩子解决学习拖拉的问题?

5.怎样让孩子知道学习是生活的一部分?

6.如何做个不生气、不唠叨的妈妈?

7.在家庭中,如何培养孩子的阅读能力和阅读习惯?

8.孩子不爱动脑筋怎么办?

9.在家庭教育中,家长和孩子发生冲突时,怎么办?

10.在家庭教育中,父母的言传和身教应怎样协调?

11.您还期待在家庭教育方面得到哪些指导?请写出来。如何培养孩子进行家务劳动?如何培养孩子尊老爱幼的习惯?

12.关于家庭教育的指导形式,您比较喜欢哪几种? (可多选)

A.亲子游戏

B.体验式、互动式

C.讲座式

D.个别家长专题沙龙

E.网络平台

## 调查5:兴安小学四年级家长家庭教育需求调查
### [调查问卷]

**尊敬的家长:**

您好!为了更好地了解广大家长的家庭教育需求,增强家长课程的针对性和为家长服务的有效性,提升学校为家长服务的水平,特组织本次调查。本次调查数据仅供研究用,不用于对学生的考核。您不用署名,请根据自己的真实情况实事求是地填写。

真诚感谢您认真填写问卷。请您根据自身实际情况,从以下问题中选出您关注的项目,在选项前的数字下打"√"(可以多选)。

1.夫妻关系对孩子影响很大,应该如何经营夫妻关系?

2.二胎时代如何让两个孩子和睦相处?

3.在教育孩子时,家长该如何控制自己的情绪?

4.如何做个不生气、不唠叨的妈妈?

5.该不该拿自家孩子与别人家孩子比较?

6.孩子为何与家长对着干?

7.孩子对电脑、手机等越来越迷恋,怎样引导他们合理使用这些东西?

8.孩子总是撒谎骗人,在大人面前不说实话。怎么办?

9.为何孩子在家在校的行为不一样?

10.孩子自私、以自我为中心。怎么办?

11.孩子不爱动脑筋。怎么办?

12.怎样让孩子知道学习是生活的一部分?

13.如何帮助孩子解决低年级向高年级过渡期的作业问题?

14.您还期待在家庭教育方面得到哪些指导?请写出来。

15.关于家庭教育的指导形式,您比较喜欢哪几种?(可多选)

A.亲子游戏

B.体验式、互动式

C.讲座式

D.个别家长专题沙龙

E.网络平台

# 兴安小学四年级家长家庭教育需求调查问卷问题汇总

1.怎样让孩子知道学习是生活的一部分?

2.如何做个不生气、不唠叨的妈妈?

3.二胎时代如何让两个孩子和睦相处?

4.在教育孩子时,家长该如何控制自己的情绪?

5.孩子不爱动脑筋怎么办?

6.孩子对电脑、手机等越来越迷恋,怎样引导他们合理使用这些东西?

7.该不该拿自家孩子与别人家孩子比较?

8.夫妻关系对孩子影响很大,应该如何经营夫妻关系?

9.孩子为何与家长对着干?

10.如何帮助孩子解决低年级向高年级过渡期的作业问题?

11.关于家庭教育的指导形式,您比较喜欢哪几种?(可多选)

A.亲子游戏

B.体验式、互动式

C.讲座式

D.亲子游戏

# 调查6:兴安小学五年级家长家庭教育需求调查

## [调查问卷]

**尊敬的家长:**

您好!为了更好地了解广大家长的家庭教育需求,增强家长课程的针对性和为家长服务的有效性,提升学校为家长服务的水平,特组织本次调查。本次调查数据仅供研究用,不用于对学生的考核。您不用署名,请根据自己的真实情况实事求是地填写。

真诚感谢您认真填写问卷。请您根据自身实际情况,从以下问题中选出您关注的项目,在选项前的数字下打"√"(可以多选)。

1. 孩子进入青春期老和家长顶嘴,该怎样和孩子沟通?
2. 家长怎样引导孩子提高自我管理能力?
3. 孩子对电脑、手机等电子产品越来越迷恋,应该怎样进行正确的引导?
4. 孩子私自拿家长的钱,家长该怎么办?
5. 怎样让孩子合理支配零花钱?
6. 发现孩子在学校乱拿同学物品,家长该怎么办?
7. 孩子进入青春期往往对异性产生好感,应该怎样正确引导孩子?
8. 家人、老师、朋友等为孩子所做的一切,孩子都认为是理所应当的。如何教育孩子学会感恩?
9. 孩子有撒谎、说脏话等毛病,单纯说教收效甚微。该如何进行教育?
10. 家长很忙,很少关注孩子的成长。这种情况下家长应该怎样进行亲子沟通?
11. 出现问题后,孩子喜欢推卸责任,找各种借口,不能正确面对自己的错误。该怎么办?
12. 孩子在做事或学习时,遇到一点儿困难就不愿继续进行了。该怎么帮助孩子克服畏难情绪?

13.教育孩子时,家长总是控制不住自己的情绪,常常发火,甚至动手,事后又经常后悔。家长应该如何控制自己的情绪?

14.孩子对学习和学校的各项活动都提不起兴趣来,总感觉没劲,总是应付了事。该怎么办呢?

15.当孩子在写家庭作业时,家长该做些什么?

16.您还期待在家庭教育方面得到哪些指导?请写出来。

17.关于家庭教育的指导形式,您比较喜欢哪几种?(可多选)

A.亲子游戏

B.体验式、互动式

C.讲座式

D.个别家长专题沙龙

E.网络平台

## 兴安小学五年级家长家庭教育需求调查问卷问题汇总

1.家长怎样引导孩子提高自我管理能力?

2.教育孩子时,家长总是控制不住自己的情绪,常常发火,甚至动手,事后又经常后悔。家长应该如何控制自己的情绪?

3.孩子对电脑、手机等电子产品越来越迷恋。应该怎样进行正确的引导?

4.孩子进入青春期老和家长顶嘴,该怎样和孩子沟通?

5.家人、老师、朋友等为孩子所做的一切,孩子认为都是理所应当的。如何教育孩子学会感恩?

6.孩子在做事或学习时,遇到一点儿困难就不愿继续进行了。该怎么帮助孩子克服畏难情绪?

7.出现问题后,孩子喜欢推卸责任,找各种借口,不能正确面对自己的错误。该怎么办?

8.当孩子在写家庭作业时,家长该做些什么?

9.家长很忙,很少关注孩子的成长。这种情况下家长应该怎样进行亲子沟通?

10.孩子对学习和学校的各项活动都提不起兴趣来,总感觉没劲,都是应付了事。该怎么办?

11.关于家庭教育的指导形式,您比较喜欢哪几种?(可多选)

A.亲子游戏

B.体验式、互动式

C.讲座式

# 调查7:兴安小学六年级家长家庭教育需求调查
## [调查问卷]

**尊敬的家长**:

您好!为了更好地了解广大家长的家庭教育需求,增强家长课程的针对性和为家长服务的有效性,提升学校为家长服务的水平,特组织本次调查。本次调查数据仅供研究用,不用于对学生的考核。您不用署名,请根据自己的真实情况实事求是地填写。真诚感谢您认真填写问卷。请您根据自身实际情况,从以下问题中选出您关注的项目,在选项前的数字下打"√"(可以多选)。

1.孩子在做家庭作业时精力不集中,拖拉磨蹭,非常浪费时间。怎么办?

2.孩子在做家庭作业时主动性不强,表扬着逼着才肯学,多做一点儿都不行,仅仅完成老师布置的作业。这种情况怎么办?

3.孩子花钱总是大手大脚。如何培养孩子的节约意识?

4.孩子进入青春期,身心发展变化很大,学习也有波动。怎么办?

5.如何帮助孩子纠正偏科问题?

6.孩子进入六年级后,只听老师的话,对家长的话很排斥。怎样让孩子听进家长的话?

7.孩子即将面临"小升初",如何让孩子正确面对日常的单元检测或学期检测?

8."小升初"在即,孩子焦虑情绪明显。如何帮助孩子正确对待这个问题?

9.六年级了,孩子学业负担增加。如何协调学校学习和校外辅导的关系?

10.孩子性格倔强,总爱顶嘴,犯错不认错,态度不端正。怎么办?

11.孩子性格过于内向,不合群,不爱表现自己。怎样让孩子变得外向?

12.孩子进入青春期后,格外关注自己的外表。怎么办?

13.孩子长大了,表扬对其作用不大,又听说物质奖励不好。该如何奖励孩子呢?

14.当孩子面对挫折和失败时,该如何帮助他们正确对待呢?

15.想再要个孩子,可已有的孩子非常排斥。怎么办?

16.孩子自理能力差,早晨不及时起床,穿衣服挑三拣四。怎样培养孩子的自理能力?

17.孩子存在严重攀比心理。怎么办?

18.家长与孩子沟通时容易发火,脾气急,控制不了自己,发火后又极度后悔,内心想补偿孩子。家长应该怎样控制自己的情绪?

19.家长也想着陪孩子学习读书,但是常与工作冲突。应该怎样解决这个矛盾?

20.在实施家庭教育时,孩子父母之间的教育观念不一致怎么办?

21.面对孩子学习进步缓慢,甚至原地踏步的情况,家长该怎样陪伴孩子慢慢进步?

22.孩子特别迷恋明星。该如何引导?

23.孩子在家不爱说话,跟同学却有说有笑。该如何引导?

24.您还期待在家庭教育方面得到哪些指导?请写出来。

25.关于家庭教育的指导形式,您比较喜欢哪几种?(可多选)

A.亲子游戏

B.体验式、互动式

C.讲座式

D.个别家长专题沙龙 E.网络平台

# 兴安小学六年级家长家庭教育需求调查问卷问题汇总

1.孩子即将面临"小升初",如何让孩子正确面对日常的单元检测或学期检测?

2.如何帮助孩子纠正偏科问题?

3.孩子在做家庭作业时主动性不强,表扬着逼着才肯学,多做一点儿都不行,仅仅完成老师布置的作业。这种情况怎么办?

4.当孩子面对挫折和失败时,该如何帮助他们正确对待呢?

5.孩子在做家庭作业时精力不集中,拖拉磨蹭,非常浪费时间。怎么办?

6.家长与孩子沟通时容易发火,脾气急,控制不了自己,发火后又极度后悔,内心想补偿孩子。家长应该怎样控制自己的情绪?

7.家长也想着陪孩子学习读书,但是常与工作冲突。应该怎样解决这个矛盾?

8.在实施家庭教育时,孩子父母之间的教育观念不一致怎么办?

9.孩子在家不爱说话,跟同学却有说有笑。该如何引导?

10.孩子进入青春期,身心发展变化很大,学习也有波动。怎么办?

11.关于家庭教育的指导形式,您比较喜欢哪几种? (可多选)

A.亲子游戏

B.体验式、互动式

C.讲座式

# 第三章 "家校共育 与爱同行"课程

## 第一节 低年级段习惯养成

### 自己的事情自己做

**案例再现**

放学了,班主任老师跟往常一样,张着两手护送孩子们过马路。还没到接送地点,小刚的爷爷立即迎上去,笑呵呵地接过孙子递过来的书包。李老师看见了,温和地对老人说:"孩子是小学生了,自己的事情能自己做,以后要让他自己背书包。"爷爷笑着说:"他还小,书包这么沉,等孩子长大再说吧!"

**案例解读**

案例中的这种现象生活中还有很多,父母事事为孩子代劳,以为这样就是在爱孩子,其实大错特错!这种做法与其说是爱孩子,不如说是害孩子,因为这是父母在剥夺孩子成长锻炼的权利!试想,如果父母为孩子包办一切,那么孩子做什么?时间长了,孩子学会了饭来张口,衣来伸手,并且把这些视为理所当然,不会感恩,不会珍惜。更为重要的是,孩子如果失去了锻炼的机会,那么他们事事依赖别人,生活上不能自理、自立,精神上体会不到劳动的快乐和自信,更不具备适应社会的各种能力。因此父母应该放开双手,给孩子锻炼的机会,让他们自己的事情自己做,体验成长的快乐。

**专家支招**

孩子的自立能力不是一蹴而就的,它的养成是一个漫长的过程。作为父母,应该做孩子独立的支持者。所以家长们要配合做到以下几点:

(1)父母要给予孩子积极的期望,相信孩子能行。

孩子在很小的时候,不能正确地进行自我评价,他们对自己的看法主要来自别人对他们的评价与期望。如果父母能给予孩子积极的期望,相信孩子能行,那么孩子就一定能行,著名的罗森塔尔效应已经证明了这一点。罗森塔尔教授是一位教育心理学家,他曾经在一所中学的一个普通班里随便选了几个学生,告诉老师这几个学生智商很高,很聪明。过了一段时间,他又来到这所中学,发现那几个被他选出的学生果真成了班上的佼佼者。罗森塔尔教授这时才告诉老师,他对这几个学生一点儿也不了解,这让老师们很是意外。为什么会出现这种现象呢?是"期望"这一神奇的魔力在发挥作用。罗森塔尔教授是著名的心理学家,在人们心中有很高的权威,老师们对他的话都深信不疑,因此对他指出的那几个学生产生了积极的期望,像对待聪明孩子那样对待他们;而这几个学生也感受到了这种期望,也认为自己是聪明的,从而提高了自信心,最终他们果真成了优秀的学生,这就是著名的罗森塔尔效应。它说明你的期望将在很大程度上决定孩子未来能否成功。因此父母平时一定要给予孩子积极的期望,并把这种期望恰当地传达给孩子,让孩子明确地感受到,从而使孩子形成积极的自我概念,增强自信。

(2)父母要指导孩子自己的事情自己做。

从孩子学习走路开始,父母就应该告诉孩子"自己的事情自己做",并在家里形成一种习惯:凡是孩子能自己做的事情,父母绝不代劳。要求孩子自己的事情自己做,并不是要父母什么都不管,而是要给孩子适当的指导与帮助。有些事情需要孩子学习才能做到,比如小时候学习穿衣服、系鞋带、洗自己的袜子。稍大些学习如何读书、学习、报名参加活动等等,这些都需要父母给予指导,孩子才会知道如何去做。有的父母担心孩子做不好,如担心孩子做事磨蹭,会造成不良后果,干脆替孩子去做。其实大可不必,孩子只有自己体验到了不良后果,才能主动改正自己的行为。如孩子做事磨蹭,结果上课迟到了,当孩子自己品尝到了迟到的滋味,他就会有意识地主动改正磨蹭的毛病。

自己的事情自己做,可以使孩子树立自主意识,形成良好的品质,提高各种能力。如当孩子刚学会走路时经常摔倒,如果每次摔倒,父母都让他自己爬起来,那么孩子就会渐渐地学会坚强。当孩子自己穿衣、吃饭、收拾书包、整理自己房间时,孩子就会具备自理能力和自立意识。当孩子自己处理与同伴、同学、朋友的矛盾时,孩子就学会了交往能力和处理问题的能力。当孩子自己完成一项复杂的任务时,他就会体验到成功的快乐。当孩子自己安排学习时间、自己主动写作业时,他就会意识到学习是自己的事,自己有责任主动学习,从而懂得了责任。当孩子面对困难,自己想办法克服时,他就增强了抗挫折能力。总之,让孩子自己的事情自己做,是孩子成长中的重要一课,是孩子以后独立面对生活的必要准备。

(3)父母要给予孩子有效的反馈。

当孩子主动要求自己的事情自己做时,或当孩子把事情做得很成功时,作为父母要及时表扬,并与孩子一起分享成功的快乐,这样可以进一步激发孩子做事情的兴趣与热情。当孩子把事情做得不太好时,父母千万不要责备,应首先表扬孩子的优点,然后指出不足,帮助孩子改正。另外,为了避免孩子产生迎合心理,即为了博得父母表扬才自己的事情自己做,父母给孩子提供反馈时一定要注意方式、方法,必须让孩子明确:每个人都有责任做好自己分内的事,父母有父母的事,孩子有孩子的事,从而提高孩子自己的事情自己做的自觉性、主动性,形成对自己负责的意识。

家长朋友们,孩子的成长过程是一个不断学习、不断锻炼的过程,凡事只有自己亲身做了,才会体会到实践的快乐,并形成各种能力,以独立适应未来的社会。因此,家长朋友们,如果你真正爱孩子,就请你放开双手,让孩子自己的事情自己做吧!

## 关注"柴米油盐"也是一种成长

**案例再现**

岚岚上小学一年级了,到了新班级后,老师每天都会安排值日生打扫班级卫生。岚岚因为从小帮妈妈干家务,所以她会做很多事情。岚岚是周一的值日生,每周的开始,她都会又快又好地完成自己的任务。她会主动帮助自己的组员或是其他组能力稍微差一点的同学。因为能力强和她的热心肠,岚岚在班里交了很多朋友,总是得到老师的赞扬,一提到她大家都赞不绝口。

经常做家务的孩子,因为能力较强,所以会比较受其他学生的欢迎。相反,从来不做家务的孩子,自然不会那么受欢迎了。

坤坤是个独生子,从小父母对他非常疼爱,不舍得让他干一点活。等他上小学之后,班里要求每天值日,有时还有其他特定的劳动。他从来没干过活,所以什么都不会,每次都叫苦连天,同学不喜欢,老师也认为他没有吃苦耐劳的精神。

**案例解读**

两个案例足以表明会做家务和不会做家务的差别。会做家务是孩子当下急切所需要的,家长需要从小适当让孩子做一点家务。多做家务可以让孩子增强自己作为家庭成员的责任感和对家庭的认同感,与父母的关系更密切。

随着生活水平的不断提高,现在家长在教育孩子上越来越舍得花钱,给孩子吃好、用好、穿好,给孩子提供好的教育环境,但是好的教育环境不只是在课本上学习知识,还要包括生活技能。

古代有一句话叫作"两耳不闻窗外事,一心只读圣贤书",让人认为除了学习可以不做别的事情。哈佛大学学者曾经做过一项调查研究,得出一个惊人结论:爱干家务的孩子和不爱干家务的孩子,成年之后的就业率为15∶1。另有专家指出,在孩子的成长过程中,家务劳动与孩子的动作技能、认知能力的发展以及责任感的培养有着密不可分的关系。

**专家支招**

卢梭说过:"在儿童时期没有养成思想的习惯,将使他从此以后一生都没有思想的能力。"要想让孩子养成做家务的好习惯,就要从小开始培养,以下几点家长必须注意:

1.让孩子有存在感并提供一定的奖励。

这时期的孩子特别希望得到家长的认可。家长要让孩子觉得,他的劳动给家庭带来很大帮助,会因此节省更多时间,让全家人感受亲子时光的美好。

而表扬和奖励会对孩子养成良好的习惯带来极大的帮助,所以,当他顺利完成任务后,要奖励他一件他所希望得到的合理的奖品。

2.给孩子提供选择的权利,提供合适的工具。

给你的孩子提供一份希望他能够做的家务的清单,让孩子自己选择其中一两项工作,这会让他感到自己拥有选择和控制的权力,从而心甘情愿去做自己选择的工作。

不要给孩子一把比他还高的扫帚,给他一个小小的、适合他的扫帚用来打扫。如果你想让孩子帮你收拾饭桌,让孩子把盘子、碗等拿进厨房就可以了。

3.正面示范,传递正能量。

父母应该亲自给孩子做示范,回答孩子的疑问,直到他能够独立完成。父母的耐心至关重要,即使孩子忘记某个步骤,也不要批评,要不厌其烦、锲而不舍地提醒,直到孩子记住为止。

父母千万不要当着孩子面抱怨做家务的烦琐和无聊,这样会给孩子传达一个信息——做家务是一件非常可怕的事。父母应尽量让孩子意识到,帮助大人尽快做完这些事,就可以留出更多的时间陪自己玩。

4.忘记"完美再现",给孩子合理发展的空间。

对这个年龄孩子来说,积极参与比结果更为重要。如果你的孩子完成得不好,不要轻易批评,那样会挫败孩子的自信心,降低孩子与人合作的意愿。

一旦孩子掌握了之前交予的工作,就应该向其提出更高的要求。比如,孩子已经可以熟练地完成收衣服前的分类工作,就应该让其学习如何叠好衣服并放到衣橱里。

教育孩子从小学会做家务,让孩子懂得关心父母,爱自己的家人,树立正确的价值观,这样的孩子长大以后才能够爱集体,爱国家,为国家做出贡献!

## "拔苗助长"的孩子能幸福吗

**案例再现**

刚开学的几天,我们班的"小豆包"每天都风风火火地来,风风火火地走。撞到同学和老师身上也浑然不知。觉得自己就是超级飞侠,走到哪里哪里就是他的"地盘"。这次恰逢我考早读,还没等我走进教室,"小豆包"就如火箭一般奔向教室门口,招呼也不打。再瞅瞅其他同学,大多都坐在教室里在大声读书。

中午午读,小新同学看我在教室门口等着迎接同学们,眼神交会的那一刻,她弯腰向我深深地鞠了一躬。霎时间,一股暖流涌上我的心头,我也回敬了她一个深深的鞠躬。

**案例解读**

故事中的"小豆包"一看就是在家里面横行惯了。因为刚刚步入小学,他们在家里都是父母的掌上明珠,不懂得谦让别人,不会与同学相处。尊重是一种礼貌,是心地善良和良好家教的表现,尊重是人人都可以拥有的。培养孩子良好的行为习惯,比教给他们知识要难得多。尤其是一年级学生,他们原来在幼儿园里以游戏为主,整天无忧无虑地生活,进入小学以后,首先是感到非常新鲜,尤其是刚开学前几周,异常兴奋,但过不了多久,这种兴奋、激动便荡然无存了,感觉很难适应学校的学习生活。如不懂得课堂常规、上课坐不住、下课在走廊里狂奔、随便离开座位、随便说话等等。

**专家支招**

弗洛姆说过:"尊重生命、尊重他人、也尊重自己的生命,是生命进程中的伴随物,也是心理健康的一个条件。"学会如何尊重,才会被别人尊重。

1. 家长要给孩子树立榜样,孩子是父母的影子。

同样的学校、同样的老师,孩子的发展却有着很大差距。父母是孩子身边的榜样,你们的言谈举止孩子都非常关注。你的一个不经意的动作,一句无意的话语,都可能被孩子模仿。每天朝夕相处,一言一行都有直接的或间接的教育意义。因此,对于要求孩子做到的,家长首先要做到,发挥"身教"的作用来影响他们的思想、行为。如:小新鞠躬后,我一同参与,及时指导,进行适当表扬,激起他们的关注和兴趣。久而久之,他们能自觉做到尊重他人;跟别人打招呼时,家长标准的站姿、温和的语言就是无声的命令;"身教重于言教",要求孩子做到的,父母首先自己要做到。特别是在日常生活中,尽最大努力给孩子做出表率,做到对孩子的"身教"。家长在教育孩子时忽视对自己的要求,忽视"律己"和"垂范",这样说得再多,教育效果也不会很好。必须注意自己的行为表现,相信榜样的力量是无穷的。

2. 用故事教育。

用特别有寓意的故事进行教育或者让教育故事化。正如苏霍姆林斯基所说:"世界是通过形象进入人的意识的。"一个个脍炙人口的儿童故事,浓缩了社会中形形色色的形象。学生在一个个生动的故事中能够感受生活,从而受到教育。作为一年级班主任,在教育学生时,就可以根据孩子们的行为差距,适时引用一些寓言故事,引导孩子结合实际谈一谈感受和想法。孩子们在与故事中人物行为的对比中,明确了尊重他人的要求,树立了自己学习的榜样,确立了自己前进的目标。让教育故事化,如果方法得当,所收到的教育效益是不可估量的。

3. 用良好的评价激励。

尊重他人是一个循序渐进的过程,同时也是一个反复的过程。只有时刻关注自己孩子每天的变化,才能让他们逐步达到要求,直至全面养成尊重他人的习惯。一年级的小朋友们都好在家长面前表现,都喜欢表扬和奖励。家长应善于发现学生表现出来的良好的行为习惯，并在这些良好的行为习惯出现后立即给予积极评价而不拖延，让学生尝到表现出良好的行为习惯的甜头。对学生良好的行为习惯的积极评价要坚持一段时间不要半途而废。减少学生的消极感受，增加学生成功的积极体验，从而不断激励学生进步。这样将评价贯穿在日常的教育教学过程中，使评价日常化、通俗化、动态化。让学生参与到这样的评价中，每评价一项，学生就经历了一次反思和总结自己行为的过程，从而使自己自觉地形成良好的尊重他人的习惯，使学生良好的行为习惯巩固下来。

人与人之间，父母与孩子之间，因尊重而理解，以心换得心。

## 少成若天性 习惯成自然

**案例再现**

数着算着，马上就进入九月份，开学的日子来到了。楼上一对年轻夫妻领着他们七岁的儿子来我家玩，说是向我讨点"法宝"。他们的孩子就要上一年级了，对于即将上学的孩子，夫妻两个有点不知所措，在孩子的身上不知道该做点什么，怎样指导孩子。开学前的这几天，夫妻两个比孩子都焦虑，吃不好睡不好，怕孩子去学校不适应，怕孩子和同学相处不好，怕孩子的各种习惯养不好……

**案例解读**

一岁年龄一岁心情，什么年龄干什么事情。孩子上一级，对孩子来说，是踏出了人生第一步。他们会接触很多新的事物，面对同龄同学，会养成很多的习惯。可以明确地说：一年级就是习惯的培养期，为以后的学习生涯奠定坚实基础。家长们不必过度焦虑，只要在孩子身边做好陪伴工作，协同老师让孩子养成良好的习惯，好的习惯将会使孩子受益终身。相信孩子们会在老师的教导和家长们的陪伴下慢慢成长起来。

**专家支招**

孔子说:"少成若天性,习惯如自然。"意思就是小时候形成的良好行为习惯和天生的一样牢固。近代英国教育家洛克在其《教育漫话》中说道:"儿童不是用规则教育就可以教育好的,规则总是被他们忘掉。你觉得他们有什么必须做的事,你便应该利用一切时机,给他们一种不可缺少的练习,使它们在他们身上固定起来。这就使他们养成一种习惯,这种习惯一旦养成以后,便不用借助记忆,很容易地、很自然地发生作用了。"由此可见,一年级新生刚开学,培养孩子良好的习惯尤为重要。

**一、一年级新生的特点:**

一年级小朋友刚刚上学,对学校、老师、同学以及学习都很陌生,具有很强的好奇心,这些陌生的事物对于他们都有一种新鲜感,能引起他们强烈的探索欲。在这个过程中,进行习惯养成教育,促使学生养成良好的生活习惯、学习习惯就显得尤为重要。经过观察与调查,我发现初入学的一年级新生们对学校这个陌生的环境难免有一些担忧、不安、惶恐。有的孩子会过多地依赖家长,刚开始还会哭泣着不愿进校门,不让父母离开;有的孩子缺乏独立性,表现在行为方面,如胆小、过于好动等。这都是因为他们过多地留恋幼儿园生活,没有做好开始新生活的准备

**二、一年级新生习惯的培养:**

(一)学习习惯

1.养成正确的读写姿势。

我们应充分认识到在启蒙阶段抓好读写姿势的重要性:既保护了身体健康发育,又保护了视力。课文读错了可以重读,字写错了可以重写,而不良的读写姿势一旦定型就很难改变。因此,要从孩子入学的第一天起,就对读写姿势给予规范要求,严格训练,做到一丝不苟,持之以恒。家长了解这些就可在家对孩子监督指导。正确的读书姿势、写字姿势和握笔方法是:一尺一寸一拳头。做到姿势不对不读书,姿势不对不动笔。

2.学会整理书包。

教会孩子整理书包,坚持让孩子自己整理,培养责任意识。家长只能指导,不要替代。整理书包是学生的事,是培养孩子责任意识的有效途径。整理书包的过程是一个思考的过程,也是一个心理准备的过程(今天有哪些学习活动,准备做好了没有),也是培养良好习惯的过程。家长要投入点时间,督促孩子认真执行,一旦形成习惯,孩子受益,大人也省心。以往有孩子第二天上课了才发现什么书落在家里了,交作业时才发现,昨晚写完了忘记装在书包里了……整理书包也大有学问,所有的文具、书本放进书包时,要按一定顺序。如果书包是分层的,课本、练习本和铅笔盒可以分开放,如果不是分层的,也要把他们归类,便于拿出来,把课本练习本放入书包时,要注意不要把书角弄卷。

3.爱惜学习用品。

教育学生爱护自己的文具课本。铅笔盒要保持干净;课本应尽量包上书皮,书皮上工整地写上学校、科目、班级、姓名,力求简洁大方;注意作业纸面整洁,不乱涂抹;经常给橡皮"洗澡"。

(二)行为习惯

1.不乱扔垃圾。

在学校会有常规要求,在校外要求家长配合。学校要求学生在任何时间、任何地点都不乱扔垃圾。从进校第一天起,就要养成"不乱扔垃圾"的好习惯,家长在家就需要严格要求。

2.讲文明懂礼貌。

教育学生见到老师要问好。可别小看这一声好,行动上争取主动,在同学中树立威信,有效增强自信心,能更加愉悦地参与到学校生活中来。回到家主动跟家长问好,这也是孝敬父母的一种表现。同时也有利于加强家长与孩子之间的感情。

3.按时休息。

家长要控制好孩子的休息时间,不能让其贪玩晚睡。特别是周一到周五的晚上,一定让孩子在晚上八点钟就睡,因为一个学习日,不管是脑力还是体力,对他们都是不轻松的,保证十个小时的睡眠很重要。

4.吃好早餐。

要早睡早起,吃好早餐,还要吃好吃饱,才能应付一上午的体力消耗。保证身体健康,绝对不要不吃早餐就上学,或随便带点零食路上凑合。家长也要带好头,孩子会紧随其后,这也是培养孩子意志品质的有效途径。

5.养成自己的事情自己做的好习惯。

多让孩子做一些简单的家务,让孩子知道自己的事情该自己做。这样家长也省心。

**三、一年级新生需要的良好学习环境**

家庭是孩子成长的第一所学校,父母是孩子的第一任老师。家庭环境的好坏直接影响孩子能否健康成长。好并不是指富裕的家庭环境,而是指家风好。心理学家讲:如果孩子生活在批评中,便学会谴责;如果孩子生活在敌视中,便学会好斗;如果孩子生活在鼓励中,便学会自信;如果孩子生活在受欢迎的环境中,便学会喜欢别人;如果孩子生活在友谊中,便会觉得生活在一个美好的世界中。

家庭也是一个关键的教育场所。家长率先垂范是必须做到的,身教胜于言教。比如读书,家长一定要陪读。这样,孩子才能慢慢走进书的世界,在书的海洋里遨游。孩子的成长是他自己的事,家长应该把更多的主动权交给孩子,不能毫不关心,但也不要过度参与。父母在孩子需要帮助的时候,给出自己的建议,陪伴孩子找到解决问题的方法,给他鼓励和支持,比什么都好。

功到自然成。习惯的培养是一个复杂而精细的系统工程,要求高、任务重、时间长、见效慢,只要做个有心人,有耐心,有方法,最后一定会如意的。一年级孩子正是养习惯的时机,好习惯终身受益!

# 培养孩子的自制力

**案例再现**

近期,班上有几位学生的妈妈反映,自己的孩子最近问题颇多,重点表现在以下几个方面:

A妈妈反映:上小学之后,孩子学习习惯不是很好。在家干什么都拖沓,早上起床磨磨蹭蹭,你催他,他还朝你大吼大叫,有时因为拖拖拉拉上学会迟到。还老丢三落四:不带课本、忘带作业、忘带铅笔、没带橡皮等。家长不督促,书包总是收拾不好。下午放学回到家,只要家长不守着,作业总是做到很晚。

B妈妈反映:每晚的亲子阅读时间,刚开始,孩子阅读兴趣很浓厚,读得很认真,但是过了几周,孩子就没了兴趣,开始敷衍,甚至三天打鱼两天晒网。三分钟热度不仅表现在读书方面,干其他事也是这样,报的兴趣班学了没几天就不想去了。

C妈妈说:老师反映孩子在学校经常打扰其他同学,喜欢动手动脚,同学关系不够融洽。

D妈妈说:孩子学习习惯很不好,书本没用几天就出现折页,书页一片模糊,作业书写潦草,应付了事。桌洞、书包内用品摆放混乱,纸张垃圾混杂其中,刚整理没几天又恢复原样。多次强调如何整理书包、物品,可是天天强调,收效甚微。

**案例解读**

上述几个案例中,妈妈们的烦恼不尽相同。有的孩子做事拖沓、无计划、无时间观念;有的孩子做事缺乏耐心,不能专注用心;有的孩子自我控制能力差;有的孩子学习、生活习惯不好,不能合理归置自己的物品。这些问题都是显而易见的行为方面的问题,究其缘由,都是因为孩子缺少自制力,自我约束能力不足所导致。

自制力指个人控制和调节自己思想感情、举止行为的能力。既善于激励自己勇敢地去执行采取的决定，又善于抑制那些不符合既定目的的愿望、动机、行为和情绪。自制力就是尽管你不想做某些事情，但还是尽力去做，这样你就能做成你想做的事。

我们班有个女同学，智力水平中等，但是上课总是坐姿端正、认真听讲，对于老师的提问总是认真思考，课堂效率高。她的家庭作业不仅书写认真，而且质量高。这背后是家庭教育和学校教育共同促成的。每天晚上，孩子妈妈会在吃饭前监督孩子完成作业。监督不仅是看着孩子写作业，而且孩子妈妈还会让孩子在写作业的过程中思考，思考为什么这样写。做完之后还要自行检查，阅读就是最好的检查方式。这位妈妈还给孩子制定合理的学习计划，睡前要巩固当天学习的内容，例如读、写、背、练。睡前还有半个小时的阅读时间，做完这些才睡。看似简单，如果坚持下来，每天也要付出许多精力。但是，背后的效果更是不可估量。坚持一段时间后，孩子养成了独立完成作业、自行整理物品、认真听讲、独立思考等好习惯，学习成绩也随之提升。

正是因为这位同学能够进行有效的自我管理，所以她才能使自己在各个方面更加优秀。

**专家支招**

如何提高孩子的自制力？这需要先搞清楚影响孩子自制力的因素。

一、孩子的大脑发育不完善。

孩子自控能力差，是由于大脑皮质的抑制机能尚未完善，孩子的兴奋性增高，自控能力比较差，所以兴趣多变，目标不明确。

二、家庭教育方式。

家庭教育过于随意、没有原则是不可行的。我们现在提倡"温柔"教育，但是父母在教育孩子方面也需要制定规则、遵循原则，让孩子在关爱和严厉并行中成长。如果对孩子教育不够严格，对孩子触碰底线的行为一再妥协和原谅,那么孩子肯定不会惧怕父母,甚至会不尊重父母,父母在孩子心目中失去权威地位,孩子可能会做出更多过分行为。

过于严格的教育也是不行的。如果父母凡事替孩子做决定,给孩子制定过于严格的规则,孩子事事听从父母吩咐,孩子就会像父母手中的提线木偶,只能在父母的提拉中行动。虽然可能专注力、自制力比较好,但是在以后的行事中或许会犹犹豫豫,没有主见。

针对这些因素,我们可以从以下几个方面来提高孩子的自制力。

一、以身作则,影响孩子。

家庭是孩子接受教育的第一个场所,父母是孩子的第一任教师。所以,家长的一言一行都影响着孩子。父母要想让孩子养成良好的行为习惯、学习习惯,要求孩子做到的,父母要首先做到。只有自己持之以恒地做下去,孩子才会潜移默化受影响,形成良好的习惯。其次,要坚决对孩子的耍赖行为说不,必须通过严厉的方式让孩子知道,撒泼不能得到自己想要的东西。

二、信任孩子,鼓励孩子。

每个孩子都是不同的,他们有自己独特的优点。家长要鼓励孩子勇于尝试,放手让他们去做,相信孩子可以做好,就算出现了错误也不要一味地批评指责,而是耐心和孩子一起找到原因,指导孩子做得更好。当孩子做好之后,首先要给予鼓励,让他有信心继续做下去;同时,父母不能将自己孩子与其他孩子做比较,要从孩子能力出发,进步就鼓励,落后就鼓舞。信心是孩子自制力提高的动力。

三、帮助孩子制订合理的计划。

有计划再行动才不会慌乱。家长要帮助孩子制订合理的计划,计划要具有可行性,而且要在孩子的能力范围内,由易到难,由简单到复杂。让孩子能够从计划中获得成功,这样孩子才有自信,才能积极主动地按计划行事。孩子完成了计划,家长可以进行口头表扬或者物质奖励,让孩子有动力每天按计划进行,直至养成习惯。

自制力的提高是孩子养成良好习惯的关键,而父母是这一过程的关键参与者。揠苗助长不可行,潜移默化地、有目的地引导教育,才是最有效的方式。作为父母,我们有责任,也有义务,让我们的孩子变得更优秀!

# 让孩子做自己的主人

**案例再现**

美国前总统富兰克林·罗斯福出生在一个民主的家庭中,小时候的富兰克林·罗斯福与外界没什么接触,但是,他在庄园里玩得很开心。幼年的他长着碧蓝的大眼睛,鼻梁挺拔端正,一头金色的卷发,显得英俊、神气,很招人喜爱。妈妈很喜欢他这头漂亮的卷发,并喜欢用各种服装来打扮年幼的儿子。但是,妈妈选择的衣服,他并不喜欢。有一次,妈妈想给他穿绉边的套装,他大胆地说出了自己的不满。还有一次,妈妈想说服他穿苏格兰短裙,他又拒绝了妈妈的好意。最后,他和妈妈一致同意穿水手服。

关于这段故事,富兰克林·罗斯福的母亲萨拉在她的《我的儿子富兰克林》一书中这样写道:"父母们对于衣饰的品位虽然高雅,可是执拗的儿女却不喜爱。"可敬的是,富兰克林·罗斯福的妈妈并没有强迫孩子听从自己的意愿和想法,而是非常尊重孩子的意愿和想法。

**案例解读**

富兰克林·罗斯福的例子告诉我们,作为父母要尊重孩子的意见和决定,放手让孩子去做自己喜欢做的事情,这样孩子才会真正独立。在我们身边很多家长都喜欢给孩子安排生活和学习,他们总认为孩子小,不懂事,担心他们做不好。其实,孩子也有自己的想法。如果孩子的想法长期得不到父母支持,一直被父母包办代替,他们的自主意识就会被压抑住,长大后也会变得没主见、缺乏责任感。

**专家支招**

1.当孩子有某种想法时,父母应该尽可能创造条件,鼓励孩子去尝试,而不是阻止孩子。比如我们可以让孩子选择自己的业余爱好,再提出合理的意见,而不是把我们的想法强加给孩子。

2.当孩子面对重大选择的时候,父母虽然不能替孩子做决定,但可以通过分析利弊,让孩子更加理智地做决定。

3.鼓励孩子勇敢说出自己的想法,允许孩子有自己的思考和意见。

4.放手而不是撒手。正所谓无规矩不成方圆,孩子毕竟心智不够成熟,在孩子成长过程中,家长确实需要学会对孩子放手,但是,放手并不是撒手。没有任何约束的自由将会变成宠溺,尊重孩子的选择,并不是彻底放弃规则。

中国著名教育家陈鹤琴先生曾经说过:"凡是孩子自己能做的事,让他自己去做。这不仅对培养孩子的独立性、自理能力很重要,同时也培养了孩子的责任感,使孩子能对自己的生活、行为负责。"所以,父母要学会放手,让孩子做自己的主人。

有一句话说得特别好:"当今的社会是一个拼家长的时代,拼的不一定是经济实力,拼的是你愿意为教育投入的时间和精力。"所以家长朋友必须明白,父母是孩子的第一任老师,自己要以身作则,多给孩子一些正能量,端正心态,就一定能把孩子教育好。

# 良好习惯成就美好未来

**案例再现**

张弛,是剑桥大学有史以来最年轻的中国籍博士生,年仅二十二岁。

每个家庭都有自己的生活方式,教育孩子也有自己的思想方法,值得家长们认真思考和探讨。

张驰能去英国剑桥大学学习,他一定是个天生聪明的孩子吧?

可是张驰的爸爸妈妈却说:"他不过是一个普普通通的孩子,要说他与众不同的地方,就是小时候他比其他同龄的孩子稍显迟钝罢了。"爸爸妈妈因此曾叫他"笨笨"。

从"望子成龙"的愿望说,当家长的本应给孩子制定个远大的目标,可张驰的爸爸妈妈却只希望他长大"做个大写的人,做个好人"。就是这样一个"笨笨",却考取了英国剑桥大学。

**案例解读**

张驰的父亲张明山谈到对儿子的家庭教育时,一连说了几个"要"和"不要":"在学习之前,一定要培养孩子的自信心和求知欲,一定要培养孩子良好的学习习惯和克服困难的能力,不要把孩子推给学校就不管了。要配合好老师的教育,不要让孩子一味依赖父母的指导,不要打击孩子的信心。"因此,他在实践中注重了以下几点:一是孩子良好习惯的培养;二是孩子学习情感的培养;三是教育孩子学会做人及爱心的培养;四是孩子独立意识的培养;五是与孩子平等沟通、"面与面"交流;六是对孩子实行积极暗示;七是适时适度夸奖和欣赏孩子;八是培养孩子的劳动意识、吃苦精神和自信心;九是培养和提高孩子综合素质;十是家校实施教育一致。该家庭的实践经验和结果证明了美国哈佛大学心理系教授丹尼尔·戈尔曼所言"人的成功,智商指数只占20%,而情商等因素占80%"。

**专家支招**

1.情商比智商重要。多数孩子不是智力超群或智力低下,而是智力正常的人,只要有意识地系统培养,就能养成好习惯。

2.有意识地给孩子一些心理暗示。有时候,孩子的学习兴趣有了,但学习过程中难免犯错误。这个时候家长就得经常给他一些希望、一些鼓励,告诉他只要努力就能做好。这就是一种心理暗示,能最大限度地挖掘孩子的潜力。

3.教育孩子,首先家长不能心浮气躁。有些家长将自己没实现的理想寄托在孩子身上,对他们期望值太高,施加的压力太大,结果却适得其反。其实家长和孩子之间的相互理解是最重要的。要让孩子不心浮气躁,这就需要家长"蹲下来"心平气和地跟孩子对话,通过一些不起眼的小事情,有意识地培养孩子的耐心,让孩子的心也静下来。父母能做到这一点,并坚持下来,孩子就会慢慢体会到父母的苦心。

4.学做人比学会读书更重要。对孩子学习能力的培养固然很重要,但对孩子综合素养的培养更重要。

## 专注力强且有耐心的孩子更优秀

**案例再现**

二年级的王佳乐是一名倔强的男孩,他不善言辞,缺乏纪律观念,比较敏感,脾气急躁,争强好胜。上课的时候他常常坐立不安,注意力无法集中。小动作多,玩玩儿手指头,动动铅笔,或不时地跟同学交头接耳。即使有很多老师在听课,也没办法控制自己。做事时难以集中精力,学习、做事不注意细节,粗心大意,做作业持续时间很短,做了一小会儿,就显得不耐烦了,注意力很容易发生转移。后来经过老师反复教育,他的情况有所好转,但老师提问时他经常答非所问。这种现象每天都在重复上演,各科教师都很头疼。

**案例解读**

1.与孩子的年龄特征有关。孩子的认知能力有限,对学习缺乏兴趣,上课不注意听讲,知识点掌握得不够扎实,导致作业不会做,自信心经常受挫,就更不爱学习了。

2.与家庭教育有关。奶奶对他比较溺爱,使孩子养成严重的依赖性,缺少自主性和自理能力,父母又常年在外打工,不能随时管教孩子,从而导致了他不良的行为习惯。

**专家支招**

1.培养孩子的专注力。在孩子专注做某一件事的时候,任何人都不要随意打断孩子。家长也要做到专注,要求孩子专注的时候自己也要做出表率,以潜移默化影响孩子。只有在孩子非常专注的情况下,他才能完成你布置的任务,但记住不要一次性给太多的任务。这样循序渐进,才会使得孩子的专注力和耐心一天比一天提高。

2.学会陪伴孩子。陪伴孩子对培养孩子的耐心和专注力很有好处。家长们陪着孩子将注意力放在同一件事情上,会让孩子倍感兴奋。就拿拼图游戏来说,既可以培养孩子手眼协调的能力,还可以培养孩子的观察力和专注力。

3.引导孩子学会在哪里拿了东西一定要放回原处的好习惯。这样可以培养孩子独立的能力和负责任的态度。同时,培养孩子自己的事情自己做的思维,从生活细节开始,点滴累积,会使得孩子的能力得到质的飞跃。

4.多运动。多让孩子进行大肢体的动作,像行走、跳跃、翻滚等,都可以让孩子的大脑更活跃,思考以及反应能力得到提升,也就意味着学习更有劲,表现更专心!

# 培养孩子的独立能力

**案例再现**

培养孩子独立,应该算是众多家长比较关心的问题。那么家长们应该如何培养孩子的独立能力呢?可能有家长会说:"培养孩子独立还不简单吗,让孩子自己独立完成自己的事情,让孩子独自经历一些失败和磨难就好了。"这种说法虽然有一定道理,但事情并非那么简单。

我儿子小时候是他爷爷奶奶带着长大的,两位老人比较疼孙子,什么事情都包揽。从上幼儿园开始接送上下学,早上穿衣起床,全是哄着完成的,直到小学毕业。这期间,我和他爸爸很多次想管一下,让他独立。比如让他自己按时起床,家庭作业自己决定什么时候写,但是种种原因都没法教育好。早上不催他,上学就迟到;作业不盯着他写,能拖延到晚上八九点。去年刚上四年级,开学没多久老师就找我沟通,说我儿子早晨上学经常迟到,很难按时上早自习。听了这话我很羞愧,都不好意思回复老师。孩子回家就马上叮嘱他,早上听到闹钟就马上起床,几周下来,效果不理想。他爸爸脾气比较大,两位老人又宠孙子,两边就吵起来了。

**案例解读:**

1.要求孩子整理房间时,孩子要么懒于整理,要么整理得很差,自理能力差。

2.自己的事情不能做主,比如几点开始写作业,依赖父母督促。

3.遇到困难,就环顾四周找爸妈或者爷爷奶奶解决,依赖性太强。

4.不会做家务,不能掌握基本的生活技能,离开家长时的生活一团糟。

虽然家长们都知道孩子今后需要独立生活,必须掌握生活技能。但是,由于孩子少,特别是母亲们恨不得把孩子所有的事情都帮孩子做了,似乎只有这样才能表达对孩子的爱。因而忘记了自己的教育责任——训练孩子的生活自理能力,让孩子从小就学会自己的事情自己来做,不依赖他人。

**专家支招**

1.家长一定要有培养孩子自理能力的意识。

家长缺乏培养孩子自理能力的意识,主要有两方面原因:一方面是心疼孩子,不愿意让孩子"受苦",怕孩子不小心磕着或碰着;另一方面是家长怕麻烦。有些家长对我说:"有教孩子做事情的那些时间,自己也就替他做好了。"孩子的自理能力与责任心是紧密相连的,如果孩子的家长在孩子需要有自理能力时,没有给予适当的教育和训练,那么他就会丧失做人的一种能力,无法体会对他人的责任心,包括对父母。这个男孩一定认为父母既然能为自己做好一切事情,那么他们自然可以处理好这种焦虑,自己完全不用理会父母的这种焦虑。事实上,这种完全忽略孩子自理能力的教养方式,既害了孩子,也害了父母。

2.培养孩子的自理能力要从让孩子学做家务开始。

家长在培养孩子自理能力的时候,除了让孩子自己管理自己的日常生活以外,还要让孩子学做家务。如让孩子自己做早饭、洗袜子、拿牛奶、买东西等。家长在吩咐孩子做家务时要有耐心,孩子主动帮助做家务应得到鼓励。家长还要让孩子们懂得,不是让他们学会做家务就算完事,而是要培养他们独立、勤劳、刚强、负责任的品质,锻炼他们的能力。

3.家长对孩子做的事应多加鼓励、肯定。

由于孩子年龄小,认识水平不高,考虑问题不周全,力气小,在做事过程中难免会出现一些失误。大人不应因此指责孩子,更不能惩罚孩子,而应首先鼓励孩子做得对的地方。对于孩子失误的地方,要帮助他们分析原因,找到问题所在,以提高操作技能和水平。这样的教育方法,不仅可以锻炼孩子的自理能力,还可以增强孩子的自信心,对促进孩子身心发展产生积极作用。

# 学会与孩子沟通

**案例再现**

玛丽,女,八岁。现在与父母亲情冷漠,拒绝和家长沟通。玛丽坦然说:"因为父母不了解我,我不想和他们说话,就算说了也白说。"原来玛丽的父母经常剥夺她发言的权利,不能申辩,只能听父母数落和指责。同时,面对她的不足与错误,父母非打即骂,不注意引导。一开始,玛丽有什么事情还和父母说一说,但受到父母多次打击后,慢慢地不愿意和父母交流。放学回家就躲在自己的卧室不出来,基本上不主动找父母说话,有时父母找她谈心她也不理不睬。久而久之,造成亲情冷漠。

孩子抵触情绪的产生,主要是由于父母无法与孩子进行有效的沟通。产生沟通障碍主要表现在:孩子很反感甚至拒绝与父母交流,孩子不愿意与父母谈心,父母主动与孩子沟通时,孩子表现极为不耐烦,甚至发脾气。

**案例解读**

家长不注意与孩子的沟通方式,不管孩子能不能接受,一味按自己的方式去沟通,这会让孩子反感,甚至拒绝与家长交流,教育就无法进行。亲子沟通中普遍存在的问题有:1.家长独断专行。喜欢用强硬的措辞,比如"你要""你应该""你不能"等,没有商量回旋的余地。2.家长言行不一。家长经常讲玩手机多么不好,危害性有多大,而自己整天抱着手机聊天、玩游戏。3.缺乏对孩子的信任。当家长发现孩子身上的缺点时,往往一味批评、指责等,即使孩子取得了一定进步,也认为孩子没改变什么。4.批评多表扬少。当孩子犯错,还没等他说明情况,父母就不分青红皂白,一概严厉惩罚。而当孩子有了进步却视而不见,无动于衷。5.沟通时机不对。一方面,由于传统教育观念影响,父母在子女面前始终以家长自居,任意干涉子女;另一方面,父母因工作和生活的压力,易对子女发火,失去耐心。所以父母不能很好地与子女沟通,更不可能准确把握与子女沟通的时机。

上述列举的问题是我们在亲子沟通中最容易犯的错误,只有正确对待,及时避免,才能更好地与孩子沟通。

**专家支招**

家庭教育最为严重的问题是家长与孩子之间的沟通问题。与孩子相处时,不懂得如何与孩子沟通,不能静下心来聆听孩子的心声,不能了解孩子内心的需求。这些父母大多未站在孩子的角度去和孩子沟通。家长要想教育好孩子,必须懂得沟通的方法和技巧。要尊重孩子,要控制情绪,要多表扬少批评,要多陪陪孩子。

亲子沟通是孩子健康成长的基础。亲子沟通在孩子健康成长的过程中有以下作用:1.亲子沟通是培养孩子健全人格的重要途径。2.亲子沟通能明显提高孩子的心理健康水平。3.亲子沟通能为家庭教育创设良好的环境。4.亲子沟通是顺利解决家庭教育中过程性问题的前提条件。5.亲子沟通是孩子健康成长的保证。6.亲子沟通能有效巩固学校教育成果。

在亲子沟通中有以下技巧:

沟通技巧之一:无条件接纳孩子的感受,做一个默默的倾听者。

沟通技巧之二:陈述事实,而不是带着情绪;表达感受,而不是判断与批评。

沟通技巧之三:提供选择,采取行动。

沟通技巧之四:别急着告诉答案。

沟通技巧之五:赞赏孩子的努力和行为,而不是结果。总之:我们学会了这些沟通方法和技巧之后,按照以下四个步骤灵活运用,就能彼此进行良好的对话与沟通。1.仔细聆听孩子所说的话。2.与孩子产生共鸣。3.引导孩子思考。4.鼓励孩子。因此,家长要想教育好孩子,必须懂得沟通的方法和技巧。为了孩子的健康成长,让我们携起手来,共同努力,多给孩子一点儿关爱和理解,我们的孩子会更快乐!

孩子在成长过程中需要物质的帮助,这是他们赖以成长的基础;更需要精神的抚慰,而亲子交流则是对孩子进行精神抚慰必要的途径和手段。因此,要多与孩子交流,倾听他们的心声,在交流中品尝孩子的喜悦,疏解孩子的悲伤情绪,把孩子打造成具有阳光心态的人。

# 第二节 中年级段兴趣培养

## 培养孩子课外阅读好习惯

**案例再现**

我们班上有一名叫刘明的男孩,聪明活泼,热情勤快,但学习缺乏主动性,不爱读书。每天"阅读半小时"打卡活动,学校已经开展很多年了,目的就是培养孩子阅读的好习惯。但是这成了刘明最困难的任务。因为他不爱读书,看书就走神,一会儿上厕所,一会儿喝水吃东西,一会儿摆弄铅笔转圈圈……每次家长都要三番五次催促。孩子反而越来越厌恶读书。

为此,老师多次去刘明家家访。通过与孩子妈妈沟通才知道,刘明还有一个妹妹,天生有点残疾。家长需要照顾妹妹,没有时间天天督促,所以把刘明扔在辅导班,一直到晚上八九点才接回家。正是由于家庭教育跟不上,把孩子的教育推给了辅导班,造成孩子学习没兴趣,行动懒惰。

**案例解读**

上述情况不是个别现象。随着时代发展,看手机代替了人们正常的阅读,越来越多的孩子宁愿玩手机也不喜欢阅读,造就了很多不爱与人交流、思想匮乏、爱发脾气的儿童。《语文课程标准》明确指出要"培养学生广泛的阅读兴趣,扩大阅读面,增加阅读量,提倡少做题,多读书,好读书,读好书,读整本的书",并对课外阅读做出了量的规定:九年课外阅读总量达到400万字以上,其中小学阶段为145万字。兴趣是最好的老师,是学生学习的动力,只有当学生有了阅读兴趣,才能从内心深处对课外阅读产生主动需要。

生活在农村的孩子,由于家庭、学校等诸多因素影响,使他们对课外阅读缺乏兴趣,这就要靠家校共育来培养、指导。

第一,身教重于言教,只有家长热爱读书,才能培养出爱读书的孩子。在农村小学,学生家长的文化水平普遍较低,多数家长在家务农或在外地打工,空闲时间也是看手机,即使有人拿起书本,也是那种不入流的消遣书,学生很难从家长那儿得到读好书的熏陶。家长首先要喜爱阅读,懂得阅读的方法,了解书籍的内容,这样才能指导孩子阅读,用自己的行为潜移默化影响孩子。

第二,根据孩子的问题"对症下药"。作为家长绝不能采用简单、粗暴的方法,应善于引导,想方设法激发孩子的阅读兴趣,变被动为主动。要使孩子保持对课外阅读的兴趣。由于年龄小,注意力不够集中,维持对某件事的热情时间短,许多孩子都只有"三分钟热度",必须加强指导。比如家长可以采用游戏、比赛等方式。每次看书时,家长先给孩子讲讲读书的故事,孩子虽不愿意读书但是愿意听故事,家长绘声绘色地讲述让孩子从书中感受乐趣,对所听故事留下深刻印象,从而喜欢上书籍。发现孩子不太想读时,大人会和孩子比赛朗读课文,看谁读得声音响亮,又带有感情色彩,家长读的时候,让孩子当裁判。家长会故意漏掉句子中的某个字或故意发错音,孩子准确并及时纠正的同时也让孩子体会到读书的乐趣。

初期，父母一定要对提供给孩子的书刊进行精心挑选，尽量给孩子提供一些印刷美观、内容丰富有趣、符合儿童想象和思维特点的图画书。先买好，放在孩子每日见到的地方。天长日久，孩子每天所见都是书，随意翻翻，慢慢就会对书籍产生兴趣。

第三，通过名人或榜样激发阅读兴趣。有意识地向学生介绍高尔基、冰心等名人热爱读书的故事。并在平时教学中留心观察班中喜爱读书的同学，及时表扬，请他们谈谈课外阅读的收获，以激发其他同学的阅读兴趣。

第四，苏霍姆林斯基说："把每一个学生都领进书籍的世界，培养起对书的酷爱，使书籍成为智力生活中的指路明星，这些都取决于教师，取决于书籍在教师本人的精神生活中占有何种地位。"所以老师本人就是很好的榜样，当看到老师经常阅读，学生也不自觉地进行模仿，逐渐走上阅读之旅。在推荐读物方面，老师起很大作用，也就是说，老师肩负着向学生推荐优秀课外读物的重要使命。

兴趣是最好的老师，有了兴趣学生就会主动去寻求课外读物，盼望读，自觉读，甚至手不释卷，沉浸在读书的快乐之中。

## 提升孩子的写作能力

**案例再现**

小芳一写作文就头疼，一考作文就犯愁。小芳的妈妈给她买了很多作文书，让小芳背诵大量范文，可是小芳的作文成绩还是不见提高。

周末，老师布置了一篇作文，题目是《我印象深刻的一次旅游》。小芳想来想去，每天就是上学放学，根本就没出去旅游过。

妈妈拿出手机，坐在小芳旁边说："游什么游，浪费钱又浪费时间，来，我给你找一个名胜古迹。"她从手机上搜出一张图片，让小芳看看图片，想象一下自己去了那里,然后用上作文书上的那些好词好句,写作这篇作文。"

**案例解读**

小芳的妈妈给她买了很多作文书,让小芳背诵大量范文,但是小芳的作文成绩还是不见提高。可以看出孩子的阅读积累做得很好,但是缺乏生活阅历,孩子的生活圈子基本锁定在学校、家庭。孩子的生活范围小,与外界接触少,生活阅历少,导致写作素材缺乏,一写作文就脑袋一片空白,无话可说。

要想提高孩子的写作能力,家长必须指导孩子观察生活。

孩子写作文普遍感到困难的是写作文不知从何入手,其实就是没有好的写作材料。这就要求我们必须指导孩子注意观察生活、观察自然。要让孩子学会观察,同时给孩子一个体验自然的机会,不要枯燥的说教,也不要乏味的灌输,从满足孩子的好奇心和求知欲出发,通过让他们亲身感受,让孩子从生活中获得写作灵感。

**专家支招**

那么,家长可以通过哪些方式来帮助孩子提升写作能力呢?

*方法一:积累素材要靠真实经历。*

资料书上的作文素材虽然很多,但是都很空泛,孩子们不知道如何使用这些材料。最好的材料是孩子的真实经历。孩子们每天都过着不同的生活,偶尔会有一些第一次。比如第一次踢足球、第一次旅行、第一次骑自行车、第一次野餐等。

在这个过程中,父母应该做什么?首先,我们应该帮助孩子表达他们的所看、所想、所感,逐渐培养书面叙事能力。父母应该帮助孩子积累生活经验,积累写作素材,花更多的时间和孩子在一起体验。如果最近没有有趣的经历,可以教你的孩子观察生活,观察别人。

*方法二:激发孩子的想象力。*

想象力是创造的源泉。我们应该鼓励孩子去创造,应该培养孩子的想象力,不是在所有的问题上都有正确的答案,也不要因为孩子的创造没有得到老师认可而让孩子作出改变。让孩子认识到老师有老师的观点，自己有自己的理解，没有谁对谁错，不要为了功利而牺牲自己。

每个孩子都是一个独特的可爱的生命个体，他们有自己的思想，父母应该鼓励他们发挥自己的智慧和才能。

方法三：引导孩子学会阅读。

阅读是写作的起步，学习语文、练习写作离不开阅读。阅读可以增加好词好句、精彩片段、写法技巧等的积累，是提高写作能力的有效方法。

家长要引导孩子掌握阅读方法，提高阅读质量。可以运用"说的"形式提高阅读效率。如家长在报刊上发现好文章后，先要求孩子认真读一读，接着让孩子复述文章内容，然后鼓励孩子说这篇文章写法上的优劣得失，最后家长再作补充。

方法四：家长应该教给孩子写作的方法。

1.要求孩子养成拟写写作提纲的习惯。目前孩子基本都是看图作文，拟写提纲就是要他们根据作文题目和有关要求，先看懂图画，确定文章的主题思想，再根据这个主题思想决定选择什么样的材料表现这个主题。对选择的材料进行排队、加工、整理，决定先写什么，再写什么，最后写什么。除了安排好写作顺序，还要考虑哪些内容对表现中心最有用，要作为重点详写，哪些内容只作一般性的交代就可以了，可以略写。还要考虑开头和结尾如何写，段落之间如何过渡等。有了提纲，才能一步步把文章内容写充实写明白，使文章条理清楚，结构完整。一句话，提纲既是作文前的计划，又是写作的向导。

2.要求孩子学会修改。修改是写作过程中的一道重要工序，也是写作能力的一个重要方面。好的作品不仅是写出来的，而且是改出来的。修改就是对文章初稿进行全面的增补删减、加工、整理和润饰。修改的方法很多，家长辅导孩子写作文，不妨采用让孩子"读改"的方法。孩子作文完稿后，让孩子边读边改，达到文通字顺的目的。

# 培养孩子良好的书写习惯

**案例再现**

案例一：学生王强，男，一(4)班学生，父母都上班，不问孩子的学习，孩子跟着奶奶，奶奶不识字。孩子主要表现：写字一直差，上课走神，写作业时边写边玩。

案例二：学生李明，女，二(2)班学生，父母离异，不问孩子的学习，孩子跟着奶奶，奶奶不识字。孩子主要表现：写字一直差，上课走神，写作业时边写边玩。

案例三：学生赵某某，男，一(6)班学生，孩子上课认真，反应灵敏，作业认真，但是每次交的作业总会出现一些情况：有个别字不完整、橡皮涂抹痕迹残留严重，有时作业纸还会出现擦破的小洞。

**案例解读**

根据对案例一学生的情况分析，发现他主要是学习习惯和生活方式存在问题。孩子写字慢，作业脏、乱、差，个人卫生很差，父母说不清楚什么样的字是好字，对孩子的生活也不过问。

对于这种孩子，家长要注重保护其积极性，一旦发现写字进步就给予肯定，及时表扬。在生活上多关心他，让其感到家庭的温暖。耐心纠正他的不良行为，不急于求成，要时时关心、时时指点。可以照书上的范字监督孩子练字；附近有邻居，可以将孩子的字与邻居孩子的字加以比较；给孩子买字帖，照帖练习。

根据对案例二学生情况分析，发现她主要是写字姿势存在问题。平时，孩子写字慢，作业又乱又差。可以利用写字歌来规范她的写字姿势。在平日学习中，要注重保护其积极性，一旦发现写字进步就给予肯定，及时表扬。耐心纠正她的不良行为，不急于求成，要时时关心、时时指点。

案例三的孩子主要是学习用品存在问题。平时,孩子很听话,作业认真,但是孩子用的橡皮大多是铅笔上自带的,用的时候,很容易把作业纸擦坏,或擦不干净。建议给孩子准备单独的橡皮,选择大小适中的长方形的软橡皮。建议孩子尽量不要依赖橡皮,真的需要用时,要注意方法,用橡皮的边角去轻轻擦拭,这样就会很容易把错字擦去,不会连累"无辜"的字,也不会将练习本"毁容"。

**专家支招**

把字写好,不单单是让学生掌握一种终身受用的技能,而且能够培养学生专心致志、集中注意力的好习惯,进而陶冶他们的情操,塑造他们的性格,从而更加热爱祖国的传统文化。为了让孩子养成良好的书写习惯,我们可以这样做:

优化环境,创造条件。调整好写字桌的高矮,让孩子坐着舒适。每天定期安排孩子十至三十分钟的写字时间,保证孩子完成写字任务。教师要科学设计作业,在日常作业中穿插练字。

树立榜样,家长示范。小学生爱听故事,爱讲故事,通过生动的故事,可以让他们明白道理,学到知识,从而引发他们对汉字的喜爱。引导孩子写字时,讲一些古人练字的故事给孩子听,如王羲之每天"临池学书"、清水池变"墨池"的故事,岳飞在沙上练字的故事。通过古人勤学苦练的故事,激发学生的写字兴趣。教师以及家长先要练一手好字,然后,用这一手字去影响、引导孩子。每一次批语,每一次签字,都要工工整整书写。大人的言传身教影响着孩子的一生。年龄越小的孩子,模仿力越强。大人的写字姿势规范,写字水平提高,孩子就会潜移默化受到影响。

规范训练,写字过程抓规范。孩子练字之前,要让孩子把写字姿势的要领"头正、身直、臂开、足平"八个字和"一尺、一拳、一寸""三个一"牢牢记住。为使学生便于掌握,可以把"一尺、一寸"这两个较为抽象的内容具体化:要做到书本离眼睛一尺,只要人坐直就可以了;而笔尖到卷笔刀削过的最上边差不多刚好是一寸,手拿到卷笔刀削过的边缘,"手指离笔尖一寸"的问题也就解决了。有了这些具体的操作方法,孩子很容易掌握正确的书写姿势。

在平时写字中,要注重对孩子书写姿势做评价。姿势正确的学生,不但可以表扬,而且还能奖励一朵红花。姿势正确,字写得又好,作业可得优秀加五角星,姿势不正确的字写得再好也只能得优秀。这样一来,孩子的观念就会悄悄发生改变,对书写姿势的正确与否也就越来越重视了。

另外,根据低年级学生的心理特点,可以将写字要点编成他们喜闻乐见的儿歌,使他们自觉、愉快地练习写字。孩子次写字之前都边背诵写字儿歌,同时调整姿势,收效更好。

方方正正的汉字凝聚着中华民族的聪明才智,承载着中华民族文明史,蕴含着中华民族的美好追求。让每个孩子都能写一手漂亮的汉字;让横平竖直的方块字越写越传神;让中华民族的优秀文化传统代代相传。

## 培养孩子的兴趣特长

**案例再现**

邻居家的豆豆刚过完生日,她的妈妈就把钢琴搬回了家,从此,豆豆家传出了优美的钢琴练习曲。豆豆读小学了,豆豆的妈妈让豆豆参加一个有名的英语学习班,此外,豆豆还参加了市少年宫的数奥班、学校的象棋兴趣班。听豆豆的妈妈讲,豆豆对这些都感兴趣,而且效果都挺好。去年豆豆通过了钢琴七级考试,今年参加市级象棋比赛获得了第四名,参加数奥比赛成绩也不错。姗姗的妈妈羡慕极了,她也想自己的女儿能像邻居家的豆豆一样。于是,姗姗的妈妈也给姗姗买回一架钢琴,姗姗妈妈自己对音乐一窍不通,便花钱请来音乐老师给姗姗做家教,每天练两三个小时的钢琴。刚开始姗姗还很有兴趣,但时间稍长,便觉得苦不堪言,不想练了。爸爸训斥,妈妈诱哄,姗姗很不情愿,但又不得不练。但是,姗姗并没有像豆豆那样取得良好的成绩。

**案例解读**

每个孩子都是独特的。今天看到张家孩子学钢琴，明天就去给自家孩子报个钢琴班；明天看到王家孩子学英语，就去给自家孩子报个英语班……家长们给孩子报兴趣班，目的大多是为了不让自家孩子与其他孩子拉开距离，但没有认识到每个孩子都是独立个体，爱好和兴趣也不尽相同。

早期发掘孩子兴趣爱好时，应该是以"玩"为目的。现在早教兴盛，家长们抱着"教育要趁早"的思想，孩子的"教学"起点越来越低，甚至还在肚子里就开始做起了所谓的"胎教"。早期的孩子身体发育不成熟，对待挖掘孩子兴趣爱好这件事情，应该是以"玩"为目的，通过"玩"发现孩子的喜好，并在以后的教育中着重深入。

让孩子有机会接触各种事物。与其给孩子报多个兴趣班，还不如放手让孩子多接触一些游戏和活动项目。让孩子了解各种新鲜有趣的事物，并在接触的过程中发现孩子的兴趣与爱好。

只有让人有愉悦感的兴趣才能发展成特长。如果孩子的某项兴趣能够让孩子在参与的过程中体会到愉悦感，那么孩子才不会对这个兴趣产生排斥或者出现"三天新鲜"的情况，只有当孩子能够在这些兴趣活动中持续地体验到愉悦感，才有可能把这项兴趣发展成特长。现在的父母对孩子的兴趣和爱好非常关注，都希望能让孩子发展一项或多项特长，以便于日后能为孩子的生活和工作"添砖加瓦"。但是家长苦于不知道如何发现孩子的兴趣爱好，毕竟孩子的专注力并不是十分集中，很有可能一个兴趣爱好几天就没了。

**专家支招**

发生在豆豆和姗姗身上的现象现在在社会上十分普遍，许多家长都非常重视孩子的特长培养。同样的培养，两个孩子却表现出不同的效果，引起了我们的思考，培养孩子的特长应该注意什么呢？

1.要根据孩子自身的条件。孩子与孩子之间是有个体差异的，不同的孩子能力不同，发展潜力、发展方向也不一样。所以，家长在决定培养孩子的兴趣特长时，需要很好地观察，了解孩子的个性特点和兴趣倾向，了解孩子在哪一方面有"兴奋点"和"天分"，然后根据孩子的自身条件，实事求是地帮助孩子选择、确定兴趣爱好，并加以引导、培养，才能使孩子的兴趣、特长成为成功的动力，达到理想的目标。

2.要避免对孩子进行强迫教育。若想让孩子形成某种特长，就必须重视对孩子学习兴趣和态度的培养。不论让孩子学什么，都要先启发、培养兴趣，不能硬逼着孩子去练字、画画、弹琴等。如果父母不顾孩子的心理特点，采取强迫、命令甚至威胁的手段硬逼孩子学习，那么其结果是扼制孩子的学习兴趣，损害他们的身心健康。

3.家长观念要正确，不能急于求成。当孩子开始学某一种乐器时，一些家长望子成龙心切，人为地给孩子加强"学习力度"，以"考级""获奖"或"获得众人较高的评价"来检验孩子学习乐器的水平，人为地给孩子加重负担，从而使孩子感到苦不堪言而兴趣顿减甚至丧失兴趣。常言道"兴趣是最好的导师"，当孩子没有了兴趣，将学习乐器当作苦差，唯恐逃之不及时，则乐器是很难学好的，且失去了让孩子学习乐器的初衷。

总之，孩子兴趣特长的培养应是"我要学"，而非"要我学，逼我学"，保持孩子学习兴趣特长的手段是鼓励、聆听孩子心声以及春风化雨般的诱导，而非强迫压制。

# 引导孩子合理使用电子产品

**案例再现**

医院儿科病房里，一个一岁多的孩子在打针，因为害怕，他不停哭闹。妈妈为了安抚他，连忙从身边的包里拿出手机递给他。出人意料的是，孩子立刻止住了哭声，接过手机熟练地在屏幕上划来划去。我们不难发现一个现象：幼儿园的小朋友就能将"吃鸡"游戏玩得风生水起，大一点的孩子更是娴熟地玩微信、抖音、快手等各种手机应用。

六岁男孩小明肩膀经常酸痛,妈妈带他到医院就诊,经过检查,孩子的颈椎已出现明显变化。在医生询问孩子日常生活习惯时,小明的妈妈说,孩子很淘气,父母平时工作太忙,没有太多时间照顾孩子,孩子从四岁开始,父母经常把手机给孩子玩,有时还让孩子玩平板电脑,有时一玩就是三四个小时,没想到给孩子的身体带来了这么大的影响。家长为此后悔莫及。

泉州某中学某学生因沉迷于网络游戏,为十块钱上网费抢劫小学生,被判有期徒刑一年。花季少年的大好前途就这样断送了。

温州某中学学生小强因迷网络游戏,常常夜不归宿,盗窃家里钱财。有一次偷了家里三百元出门上网吧时,被奶奶发现并极力劝阻。小强怒不可遏,丧失理智,顺手拿起菜刀凶残地向奶奶砍去。可怜的奶奶关心照顾小强十几年,竟死于自己的孙子手!

一位十三岁少年迷恋电子游戏,整天泡在电子游戏厅里,易怒厌世,对人极为冷漠,甚至整夜不回家,最后被确诊患上精神病。这是发生在汉中市的一个真实故事。陕西省精神卫生中心专家为此提醒人们,上网成瘾已成精神疾病的新诱因,应该引起高度关注。

**案例解读**

随着社会越来越发达,电子产品也日渐增多,品种五花八门,以手机对人们的生活影响最大。

自从宝宝呱呱坠地,就对身边的一切产生了好奇。有的家长为了能让孩子安静,不惜使用电子产品,让宝宝玩游戏看动画片。有一天我带宝宝去朋友家玩,一进门就看到宝妈带着宝宝一起玩游戏。看着入迷的母子,我不由得叹气,宝宝还那么小怎么可以看手机了?不知道手机辐射的危害吗?不知道看手机会对眼睛有伤害吗?宝妈看到我来,本来打算关掉手机,让小孩们一起玩。可她儿子哭闹着要玩手机,还狠狠出手打他妈妈。后来在我们的聊天中,我得知他儿子一天中接触手机不少于四五个小时。我说:"这么小就玩手机,你就不管吗?再说了,老是看手机对眼睛也不好吧!"她说:"你又不是没看到每次都是又哭又闹的,一点办法也没有。"

孩子应该以学业为主,同时因为小孩子自制力比较差,所以在使用电子产品的时候,大多都没有自控能力,这样会直接导致学业下滑,严重的还会造成孩子厌学心理。

小孩的眼睛发育不成熟,调节机能也十分脆弱,电子产品发出的蓝光很容易就能穿透晶状体到达视网膜,对其造成损害。孩子近距离、长时间使用电子产品就会造成肌性视疲劳,导致近视、干眼。孩子玩手机等电子产品时长期处于一个姿势,只动手甚至手都不动,身体其他部位处于静止状态,容易引起身体发育迟缓。长时间低头玩手机对颈椎伤害也很大,容易导致颈椎变形。

常玩电子产品,孩子们会变得不爱说话,与周围人的交流减少,容易导致性格自闭,沉浸在自己的世界中。如果家长制止,还会大喊大叫,哭闹不止,容易引发亲子矛盾。

电子产品摧残孩子的身心健康。有的学生对游戏的痴迷达到了可以不吃饭、不睡觉的疯狂地步。他们玩游戏时精神高度集中,伴随着血液加速、心跳加快,人的体力、精力消耗很大,再加上荧光屏色彩、图像的迅速变幻,不绝于耳的噪声,对孩子视力、听力等造成的危害不可估量。

**专家支招**

电子产品让我们得到了很多方便,也让我们的宝宝学到了很多知识,丰富了生活。只要我们引导正确,它将是我们生活的小帮手。家长是最好的学习榜样,只有我们以身作则,正确引导,才能让宝宝学会运用电子产品帮助自己。那我们应该怎么做呢?

1.父母是孩子的影子。

父母要学会影响孩子,而不是控制孩子。作为家长和引导者,在线上和线下都要为孩子作出表率,并为其创造适当的环境。先设想你的孩子想要做正确的事情,他们只是不知道如何去做而已。家长是孩子的启蒙老师,要以身作则,给孩子树立典范,正确引导孩子,相信孩子们不会让你失望。

2.挑选适合孩子的视频节目。

给年龄小的孩子有限制的选择。"你可以看一集或两集电视节目,你自己选择。""你可以玩半小时视频游戏,或看半小时电视。""你可以在晚饭前或饭后看半个小时电视。""你每天可以有两个小时的屏幕时间。你可以根据自己的选择确定怎么分配时间。"家长可以给孩子挑选一些益智有趣的节目,比如《智慧树》《故事大王》《名人传记》等,既能学习知识,还能满足孩子看视频的心思。

3.合理规划时间。

给孩子制定一个时间表:什么时间吃饭、什么时间睡觉、什么时间看动画片玩电子产品。一开始孩子可能会哭闹,严格执行之后慢慢就习惯了。家长以身作则,不迷恋电脑,如果一回到家家长就是抱着手机不松手,那么孩子也会这样,如果家长自己抱着手机不松手却不让孩子玩,那么孩子肯定是不会听的。想让孩子正确地使用电子产品,家长就要以身作则。

4.不把电子产品当成哄孩子的工具。

孩子在家里无聊时,家长不要把电子产品当作哄孩子的工具,可以给孩子安排一个任务,千万别把电子产品当哄孩子的工具。让孩子知道电子产品不是一个特别的东西,只是一个学习新知识的工具而已。

5.最重要的是要增强孩子的人际交往能力。

电子产品功能再强大,孩子最终还是要与现实社会当中的人去打交道。专家建议,家长在让孩子接触电子产品之前,要给予孩子更多真实世界的体验。五岁之前的孩子正在建立对自然世界的认识,如果这个时期过多接触电子产品,会减少与自然世界互动的机会。因此,多带孩子参加户外运动,多陪陪孩子,带孩子出去走走,看看外面的世界,对于帮助孩子增强社会交往能力非常重要。

# 提高小学生的口语兴趣

**案例再现**

学习英语,目的在于用英语进行交际。英语要作为交际工具来教,也要作为交际工具来学。可见,英语学习中要注重交际能力的培养。作为基础教育阶段的小学英语,也应该以此为准绳,培养学生良好的口语能力。然而,有些学生考试常常能拿高分,但让他们流利地说几句英语却很难。有的学生在课堂上进行口语练习时,面对老师和同学十分害羞,不愿积极参与口语活动。有的学生随着年级的增高,听说能力没有明显的进步……家长应该在生活中通过各种手段调动学生视、听、说等多种感官,使学生学会说英语,爱上说英语,进而在听说过程中提高他们的口语水平。

**案例解读**

作为家长应该怎么办呢?

一、培养信心,让学生敢说英语。

小学生心理不成熟,怕犯错,信心不足,其说话的能力自然受到影响。因此,首先要树立学生的自信心。小学生说英语的自信心主要来自教师和家长对他们的评价。因此,对他们要多一些表扬,少一些批评和责备。要常对他们说:"你能行,我相信你。"这对学生来说,就意味着老师和家长的重视、关怀和期待。如果学生的做法能得到老师和家长及时而中肯的评价,学生就会感到自己被赏识、重视,就会愉快积极,增强自信心。反之,就会情绪低落、被动、缺乏信心。即使他们做错了,也不要全盘否定,更不能讽刺、挖苦,而要就事论事,帮助他们分析出现错误的原因,鼓励他们想办法战胜困难。

二、创造良好的家庭学习氛围。

1.注重语言输入。

对于非母语国家的孩子而言,英语学习更要注意 input(输入)。早在1917年,英国外语教育家 Harold E.Palmer 就提出了英语学习的"孵化"理论:外语学习要经历一个"孵化"阶段,即语言的储备期。

每天半小时英语学习时间,可以听英语儿歌,观看英文动画片,亲子共读等,进行地道的语言输入。一定要重视亲子共读,这对词汇量的增加大有帮助。对于能独立阅读的孩子,可以选择经典绘本让他们自己阅读。

2.创设良好英语环境。

例如:孩子学习动物名称时,家长可用家中动物玩具,用自我介绍的方式引出动物名称:"Hello,I'm a……How do you do!"在学习表示颜色的句子和单词时,可设计了一个"幸运转盘",转盘上面有七种颜色,问:"What colour is it?"家中的物品贴上英语单词,强化学生的英语意识。

孩子学英语要把重点放在学习英语的兴趣上。如果孩子对英语感兴趣,在学习的过程中就会表现出一种积极的情绪,孩子会主动融入活动中。反之,如果只是追求单词句子数量的多少,就会倒了孩子的胃口,孩子会处于一种消极状态。因此,家长辅导孩子学习英语要游戏化,注意让孩子在各种游戏中慢慢学习单词。首先把要掌握的单词以图片、头饰、动作等不同形式展现给孩子,实行整体定量输入,根据不同孩子的记忆特点,他们会或多或少记住不同的单词,激发孩子的成就感。

1.课本剧表演。

家长可以对课本上文本进行改编,与孩子共同表演。小学生通常有很强的表现欲,短剧表演可以充分满足孩子的表现欲望,让孩子尽情释放自己的天性。又能通过背诵台词强化口语表达能力。另外,在课本剧表演中,家长与孩子有更多沟通的机会,这有利于平等亲子关系的建立,有助于英语口语水平进一步提高。还可以举办英语朗诵比赛、英语歌曲比赛等,这些活动都能提供给孩子更多英语表达机会,锻炼孩子的英语口语表达能力,更重要的是能让孩子在参与活动中感受乐趣,从而激发孩子的英语口语表达积极性,极大地强化孩子的英语口语能力。

2.情景学习法。

有的孩子会说许多英语,既流畅又标准,但问这句话是什么意思,便"哑"了。如我说"Good morning!"孩子会回答我:"Good morning!"却从来不会自发性地用这句话跟别人打招呼。孩子只会说而不会用的现象,归根结底是因为孩子不明白每一句英语的含义。针对这种现象,家长应该积极为孩子创设情境。这种情境要生活化,让孩子在特定的情境中,理解每一句英语的含义。家长可以把中文游戏改为英文游戏游戏,如《老狼,老狼,几点钟?》,家长可以改为:"Wolf,wolf,what can you do?"家长当老狼,孩子小羊。小羊问:"Wolf,wolf,what can you do?"老狼回答:"I can eat."然后开始追逐小羊。孩子与家长互动,轻松愉快地学习英语,学会了句型"What can you do? I can jump/run.……"在这种情况下,孩子觉得学习英语好玩,从而为以后的学习打下良好基础。

**专家支招**

在英语学习过程中,口语学习有着非常重要的作用。因此在学习过程中,要贴合孩子认知和兴趣,激发孩子的学习主动性,多考虑孩子的兴趣,激发孩子的口语表达积极性。为孩子创造更多机会,提升英语口语水平。要让孩子将说英语变成感兴趣的事情,这样孩子才会更多地使用英语进行交流,让英语成为今后学习过程中的重要工具。

总之,在孩子学习英语的路上,家长陪在孩子身边进行趣味性的辅导,对孩子英语兴趣的培养非常有用。

# 走进孩子心中

家校共育是本着教育的本质,落实对学生或是子女的教育,是家庭和学校共同的责任。要教育好孩子,首先你得和你的孩子有一个良好的关系,要想走进孩子内心,父母必须掌握一定技巧。那家长和老师应该在教育孩子时如何进行良好的沟通？应当采取什么方式，才能真正取得小学生德育的最佳效果呢？

**案例再现**

刘依琳是一个较内向的女孩，她课堂上认真听讲，从不做小动作，但是不爱说话，问她问题她低头不理你，问得次数多了或声音一大，她先是抽噎，不出声只掉泪，再问急了就哭出声来，眼泪哗哗的，好像受了天大的委屈似的。课间她不主动和其他同学玩耍，同学们和她说话也是小心翼翼，生怕惹她掉眼泪。

这天中午，我刚到学校，班长跑进办公室急呼呼地说："老师，刘依琳趴在桌子上哭。"我赶忙问为什么，班长说："不知道，有同学看见她上学的路上就一直在哭。"我赶紧走进教室，可不是嘛，她趴在桌子上正哭得伤心呢，其他同学呆呆看着她，不知道该怎么劝她。

于是我走过去，轻轻拍了拍她的肩膀，把她叫到了办公室。又是劝又是哄，细声细语开导。费了好大工夫才弄明白，原来她妈妈和爸爸回老家看爷爷了，把她托付给了邻居。平时依赖父母惯了，本身就有些不乐意，又加上父母提前没告诉她，吃饭时心里就不高兴，上学路上越想越委屈，脸上就开始挂上了"珍珠"。加上同学们不知原因没有安慰她，还有的笑她哭鼻子，这就委屈得不得了。

其实像她这样的孩子不少。现在条件好了，孩子要什么家长给什么，一旦提出要求得不到满足就不乐意。还有的还比较敏感，正赶上开放二胎，很多家庭添上了弟弟妹妹，而父母忙于照顾小的往往忽略了大的。幼小的心灵就受到了打击，认为家长不再爱自己了，于是开始委屈甚至自卑。这种现象如不及时发现，及时解决，很可能影响孩子的身心健康成长。

**案例解读**

这件事虽然看起来虽小，可是对一个内向的孩子来说，这件事情如果沟通不好，可能会影响她的心理健康成长，会让孩子更自卑，缺少自信。很难做到独立,也很难融入集体生活。经和家长沟通,得知刘依琳的父母工作忙,很少与孩子沟通,有时看到孩子哭,不是耐心寻找原因和孩子沟通,而是不耐烦或者直接用命令的方式来解决,让孩子一味地服从。他们觉得,让孩子吃好、穿好,把孩子送到学校就算完成任务了。其实不然,孩子的家庭教育往往比学校教育更为重要,家庭教育和学校教育相辅相成,缺一不可。要想让孩子内心充满阳光,不仅需要老师走进孩子的内心,用爱关怀他们,更需要家长从多个角度来分析孩子的行为,了解孩子心理,并用切实可行的方法来帮助孩子,教育孩子,使孩子健康、快乐地成长。

**专家支招**

一、家庭教育

面对这样的孩子,要进行耐心的交流,然后平心静气地跟家长沟通。当孩子有问题时,或者需要家长时,家长再忙、再累也要抽出时间跟孩子进行沟通交流,了解孩子的想法,别一味地呵斥或命令,因为这样会让孩子更自卑,更不会说出心里话。

遇到孩子有问题,家长要先放下手里的活,耐心和孩子沟通交流,了解孩子的想法,要让孩子感受到家长的爱。在家里要帮助孩子树立自信心,多给孩子鼓励,做孩子成长的强有力后盾。

另外,当出现问题时,父母还应有自我批评精神,把属于自己的问题说清楚。不能把自己的毛病、问题模糊地敷衍带过,却去具体指责孩子,那样孩子会认为你没有责任心,是一位不可信赖的长者。父母还要注意孩子内心的需要与感受,体会孩子的心声、苦恼和心理矛盾,鼓励孩子坦诚地表明自己的想法和感受。

二、学校教育

在学校,我首先让班里性格开朗的同学多和刘依琳接触,让她感受到班里同学之间的关爱,感受到老师对她的关爱,让她内心感受到温暖。鼓励她说出自己的想法。课堂上多提问她,及时给予肯定与表扬。如果一个人能够感到自己被别人赏识、被别人重视、自己对别人来说是重要的,就会自然地产生愉悦的感觉,行动就会更加积极,做起事情来就会充满自信。我在课下也经常与刘依琳交流,鼓励她参加各种活动,让她快速地融入班级集体,遇到问题时不要胆怯,要想办法面对,学会独立。

孩子年龄尚小,心智发展还不很成熟。他们过于依赖父母,受不了委屈,又不肯说出自己的想法。但是很在意别人对自己的评价,尤其是父母和老师对自己的评价。你如果经常夸奖,经常表扬,孩子的内心就会充满自豪和自信,觉得自己的确很优秀,的确很与众不同;相反,如果孩子平时很难听到父母的夸奖,听到的尽是些埋怨、责备,遇到事不与孩子沟通,孩子就会觉得自己做人很失败,遇到问题时手足无措,会对自己的能力产生怀疑,进而失去学习和生活的信心。

## 培养孩子与他人相处

在孩子的成长过程中,会出现各种各样的问题,比如不礼貌、自私、霸道、不懂得与他人友好相处等等,常常因为这些原因,孩子失去了好伙伴,同时也被家长批评。作为老师非常担忧,毕竟孩子的成长之路需要友谊陪伴。那么,怎样才能让孩子友好地与他人相处?

**案例再现**

一天,班长跑来告诉我:体育课上,体育委员和另一个同学打架了,并且还有一个班干部帮体育委员打架。我一听心里大为光火:这几天我刚刚说了同学之间要团结友爱,严禁动手打架,怎么当作耳旁风了?班干部竟然带头打架,这还了得!一时之间,我真想把打架的几个同学当众狠狠地臭骂一顿,或者以暴制暴,让他们也尝尝被人打的感觉。可是,这样做能解决问题吗?他们冲动了,采取了不理智的行为,我一个班主任也能如此吗?得先弄清情况再说。

事情原来是这样的:学校要举行跳绳比赛,一个同学突然说了一句:"我们跳得那么差,反正都是输,没有组织的必要!"体育委员一听,当即就给了他一拳(事后,他说当时便没存心要打他),旁边的另一个班干部也帮着体育委员。幸好体育老师没走,及时调解,没有酿成大事。

于是,我找来那个说落后话的同学,说:"你知道,今天这事的起因是什么吗?"

他说:"是我说了落后话,打击了同学们的积极性。"我说:"很好,你对问题认识得很清楚,那么你能不能说说,这件让你明白了什么道理吗?"他说:"不能乱说话。"我说:"聪明,相信你以后不会再犯同样的错误了。这样吧,你以你说的为中心写一个总结,并保证不再犯,行不行?"他说:"行。"我见他还站着不动,就问:"你还站着干什么?"他说:"你还没批评我。"我说:"你认识已经到位了,又做了保证,不需要批评了。"他高兴地走了。

我又找来体育委员和那个班干部。因为他们身份不同,我先不说话,装出一副很生气的样子,让他们静静地站了一会儿,感受老师的不悦,然后才说:"能说一说你们打人的动机吗?"他们说:"他说了侮辱我们班级的话。"我说:"非常好,动机很高尚。为维护班集体的荣誉而战,我支持你们。但是,高尚的动机一定要用野蛮的行为来实现吗?有没有更好的解决办法呢?"他们不说话了。我又说:"用一个词形容你们现在的心情。"他俩都说:"后悔。"我说:"好啊,人因敬畏而善良。这个词表明你们知道自己错了,那能不能说一说错在哪里呢?"他们一起说:"不该动手打人。"我说:"那好,回去后认真写一个总结,同时保证遇事不再冲动——当然,如果能向被打的同学道歉的话,那就更说明你们真正觉悟了,做得到吗?"他们说:"做得到。"

一场风波就此过去。

**案例解读**

当班上发生了不顺心的事,首先要心平气和,事情已经发生了,再生气也没有用。关键是静下心来思考对策,谋定而后动,把产生的负面作用减小到最低限度,并尽可能使坏事向着好的方向转化,绝不能只图一时痛快,给学生造成伤害。教育学生自觉认识到错误,并找到改正错误的方向。在这一过程中,老师不能包办代替,也不能强制学生认同你的道德判断。

**专家支招**

1.让孩子懂礼貌。

人与人相处,最初建立在语言交流上。让孩子懂礼貌,和朋友一起玩游戏的时候,会用"请、麻烦、谢谢……"孩子懂礼貌,同伴就喜欢与其一起玩,在玩的过程中懂得谦让,这就增进了友谊。

2.让孩子学会招待客人。

现在很多孩子是家里的独生子女,人际交往能力较弱,所以我们要多锻炼孩子这方面的能力。可以先从让孩子学会招待客人开始。比如说家里来客人了,让孩子端来水果或者端杯茶给客人,让孩子有机会与客人进行交流,一起看电视,聊聊天,进行人际交往的锻炼。孩子既感受到做小主人的乐趣,又锻炼了孩子的交往能力。

3.多带孩子去人多的地方玩耍。

节假日的时候,家长可陪同孩子去人多的地方玩耍,比如游乐场、公园等,让孩子接触到更多的人,有机会和他人交流。在接触陌生人的过程中,让孩子学会如何与他人相处。

4.让孩子学会换位思考。

让孩子友好地同他人相处,必须让孩子学会换位思考:"为什么你这样做,朋友会不喜欢和你做朋友?""为什么他不跟你做好朋友?""你不愿意和朋友分享,朋友会喜欢你吗?"告诉孩子,想要收获友谊、和他人友好相处,必须懂得替别人着想,有时候还要包容他人的过失。

5.让孩子学会友善地对待他人。

要让孩子怀有一颗感恩的心去对待身边的一切,包括和他人交往,用温暖的心感恩他人,友善地对待朋友。在同学需要帮助的时候,给予帮助。在同学做错事的时候,需要友善地提出,而不是指着他人的缺点说别人坏话。在同学取得好成绩的时候,要真心赞扬同学,虚心向同学学习。要让孩子明白:与他人友好相处不仅能收获友谊,还能收获快乐。老师、家长在日常生活中也要以身作则。

# 小学生写作兴趣培养

**案例再现**

本案例的主人公是学生小宇(化名),男,十一岁,上小学四年级。

家庭情况:该生出生于普通家庭,家庭和睦,父亲常年在外做生意,偶尔回家。家长们对孩子的学习挺重视,尤其是母亲,对小宇达到溺爱程度。课上课下小宇与其他同学互动较少,有时欺负同班女同学。

学习情况:该生性格沉默,不爱讲话,注意力不集中,上课时常走神,一旦错过了老师上课讲的要点就自我放弃,不再听课。该生爱做小动作,每次小组讨论时,他总是借机不参与,自己在一边玩。不仅浪费自己时间,更影响其他同学学习。该生读课文仅仅是为了完成任务,碰到不会读的甚至乱读一气。每次上作文课的时候,该生书写速度慢,错别字多,字数少,语句不通顺。多次找他谈话,或者进行单独指导,效果均不明显。

**案例解读**

小学生写作是促进孩子各项能力提高的关键所在。小学生在各个方面的能力都没有达到正常的阶段,在年龄和兴趣匹配方面有一定欠缺。

进行写作教学之前,一定要将阅读教学的内容渗透在内,使阅读能够有效地深入到写作内部,让学生能够理解写作的深刻内涵,令学生学习并能够借鉴他人的写作优势,汲取优点,逐渐提升学生对于写作的认知程度,从根本上促进学生提高写作能力。

**专家支招**

1.培养学生的观察能力。

写作离不开生活,而观察又是体验生活的最重要一步。如果学生不善于观察发生在身边的事物,没有产生个人感悟,那么他们又怎么能写出好文章呢?对于小学生来说,只有不断观察,感受其中的点点滴滴,才能够写出生动并且富有感情的文章。在学生写作的初始阶段,要让他们将自己的真实生活用文字展现出来。家长们要经常带领孩子参与各种活动,带着孩子出去走走,春天可以去踏青,夏天可以去摘果蔬,秋天到了去赏红叶,冬天去滑雪等。进行这些活动的时候,家长可以布置一些观察小任务,让孩子做个有心人,在不断观察中学会抓住事物的特点。比如,秋天时候,家长可以让孩子观察家乡,让孩子写一写在家乡中见到了什么,有哪些特点,对哪些事物感触最深,将观察到的事物和自己的感触及时记录下来。只有积累了丰富的写作素材,写出的文章才会变得生机盎然。

2.激发孩子的想象力。

写作源于生活又高于生活。这里所说的"高"是指在现实生活的基础上充分发挥孩子的主观能动性,拓展孩子思维,让他们的思想在广阔的天空中自由翱翔。这也就是指孩子所写的文章在现实的基础上增加个人想象成分。在描写眼睛的时候,我们可以写成黑溜溜的小眼睛,像被抓住的小老鼠一样露出黑溜溜带着害怕的小眼睛,充分发挥自己的想象力可以使写出来的文章更加生动。通过想象,孩子可以写采访日记或者自己编写童话故事。激发孩子想象力,培养孩子写作兴趣,让孩子写出的文章更加美妙。在认识到自己写作优点的同时,体会内心世界的美好,这样孩子在写作中获益更多,加深自我肯定和认识。

3.多参加活动,激发孩子写作兴趣。

由于小孩子的年龄与阅历有限,他们缺少对现实生活的体验,所以他们写出来的文章往往缺少真情实感。培养孩子的写作兴趣,就必须让孩子多参加活动,让孩子在与写作主题相关的实践活动中体验真实情感。通过这样的方式,不但可以激发孩子的写作欲望,而且孩子将获得的情感展现在字里行间。

我班有一位优秀家长,她安排孩子每天写日记来记录自己的生活。为了让孩子有素材可写,她经常带领孩子参与一些实践活动,带领孩子做一些小游戏,或者利用空闲时间让孩子自己动手制作一些小东西,像折叠青蛙、千纸鹤、帆船等。随后对孩子讲明这些活动的重点在哪里,为接下来的写作指明方向。通过这样的方式,自然而然就能够使孩子回味自己所参与的活动,写出来的文章也就充满真挚情感。

## 第三节 高年级段健康成长

## 小学生叛逆行为

**案例再现**

李同学,男,五年级学生,高高的个子,学习成绩中等。新学期开始,我发现他竟有两周时间从未笑过,也没见他与其他同学说话,更别提玩耍,上课总是低着头,学习积极性不高。因此,我决定对他进行特别关注。李同学生活习惯较懒散,性格倔强,自尊心强,逆反心理十分严重,经常和父母、老师发生冲突。每当老师批评他时,他眼睛直对着老师,一副不服气的样子,甚至还和老师顶嘴。课堂上故意做小动作,课后不及时完成作业。在家里,父母和他交流,他总是显得极其厌烦,有时甚至大呼小叫。为此,我与他家长进行了交流。家长态度很好,表示愿与老师配合。但两次与他沟通后他依旧我行我素。

**案例解读**

小学五年级学生独立意识和自我意识日益增强,迫切希望摆脱家长和老师的监管，反对家长和教师把自己当成小孩子。同时，为了表现自己与众不同，引起家长教师关注，易对事情持批判态度。学生的"叛逆心理"是一种消极的抵抗心理，这种心理一旦产生，就会形成一种固定的思维模式，对教师的教育乃至所有言行都持否定态度，使教育达不到预期效果，久而久之还可能导致矛盾激化。因此，教师发现学生存在"叛逆心理"，应及时采取措施，予以疏导。李同学的"叛逆"行为是进入青春期的一种表现，许多即将进入青春期的孩子都有一种逆反心理。他们往往把家长和老师对自己的批评看成与自己过不去，认为伤害了自己，因而就会表现出严重的敌对倾向。其原因主要有三点：

1.家庭教育方式不当。由于李同学所在的家庭属于父母重组家庭。父亲忙于外出打工，和孩子的交流很少，遇到问题只是一味斥责、谩骂，但在老师面前又袒护孩子；母亲则更多关心孩子的饮食状况和学习成绩，忽视了对孩子进行思想教育，认为孩子还小，大了就会懂事的。在孩子的教育问题上，两人的教育方式及意见常常不一致。

2.教师教学理念相对滞后。受客观条件局限，为追求教学质量，部分教师只以成绩好坏评价学生。老师以分数论英雄的考核标准，不但容易让孩子丧失继续追求成功的热情，也为孩子的心理健康问题埋下了祸根。同时，个别老师不懂得学生的心理特点，不能正确对待学生所犯的错误，处理方式不当，使矛盾和冲突日益激化。

3.学生年龄段的特点。小学高年级学生渴望得到关注，部分学生以为与老师、家长对着干，引发教师、同学关注是一种勇敢，是一种英雄行为，因而盲目对抗，拒绝一切批评。

**专家支招**

我认为李同学出现这种"叛逆"情况，极可能是因为他的心理健康出现了问题。那如何帮助他扭转这种"叛逆"心理，走出阴影呢？经过思考，我准备从以下五个方面入手：

1.沟通谈话,指导自我调节。

在了解李同学近期"叛逆"的表现后,我经常在课外活动时间,以平等的姿态跟他谈心,了解他心里在想些什么,了解他最担心的是什么,并对他的一些不当表现适当地给予指正,指导他了解一些科学家成功的故事,使他明白只有胸怀宽广,接受他人意见,才能成就伟大事业。

2.扬长避短,适时鼓励表扬。

我充分利用李同学在数学方面的爱好,鼓励他成立数学兴趣小组,并由他担任组长。使他把大部分心思转移到感兴趣的事情上,同时对他的点滴进步都及时予以表扬,想方设法创造条件,让他体验成功的快乐,使他对学习、生活逐渐增强信心。老师的信赖、同学的支持使他的态度发生很大的转变。

3.家校联系,经常协调沟通。

我通过电话沟通、家长到校面谈等多种方式,对李同学家长的教育方式进行了解,指出不正确的教育方式不但得不到教育的效果,反而会令孩子产生更强烈的逆反心理,希望家长多给孩子宽容与理解,父母在教育孩子的问题上要意见一致,共同做好监督转化工作。同时我还指导家长如何定期检查孩子的作业,指导学习,帮助孩子解决学习中的困难。

## 增强自我保护意识

**案例再现**

2017年9月12日,厦门市海沧区人民检察院依法批准逮捕一名猥亵儿童的男子。这起猥亵案件的数名受害人均为不满十四周岁的在校小学女生。

经查,犯罪嫌疑人郑某利用QQ聊天软件,使用不同QQ号码添加多名在校女生为好友,通过冒充同龄女生,在聊天过程中以相互交流自身发育情况为由,骗取对方裸照。

骗到对方裸照后,郑某又用另一个号码以发布被害人裸照相威胁,胁迫被害人和其见面。多次将被害人带至KTV、学校、公园等处,强行对被害人进行猥亵,并在猥亵过程中拍摄了大量被害人裸照和不雅视频,给数名正处于青春期的未成年在校女生造成了巨大的身心伤害。

**案例分析**

近年来,我国儿童性侵案件呈上升趋势。据调查,五分之三的性侵受害者都是儿童。中小学校园甚至幼儿园频频发生性侵案,让人感到震惊的同时又无比愤怒、痛心。学生预防性侵的教育现状令人担忧,如何学会保护自己,需要学校、家庭和社会的高度重视和共同努力。

首先明确什么是儿童性侵害?儿童性侵害是指加害者以权威、暴力、金钱或者甜言蜜语,引诱、胁迫十八岁以下的儿童及少年,与其发生性活动。这些性活动包括猥亵、乱伦、强暴、性交易、媒介卖淫等。儿童性侵害可以定义为:一切通过武力、欺骗、讨好、物质诱惑或其他方式,把儿童引向性接触,以求达到侵犯者满足的行为。对孩子进行伤害的人,大多不是陌生人,通常是孩子最熟悉、最信任、最尊重、最亲近和最依赖的人。侵犯者与孩子处在不平等的权利关系中,比如自己的亲人、邻居、老人、父母的朋友等。

**专家支招**

任何人,无论男女,都有可能遭遇性侵,而不怀好意的陌生人和熟人都可能伸出性侵的"黑手"。

1.首先告诉孩子什么是身体的隐私部位?

背心裤衩遮住的部位:胸部和生殖器都属于性器官。家长和老师应当以科学的态度告诉孩子:性器官是人体器官的一种,可以以此区分男生和女生的性别。特别是女孩子对待隐私部位,应当明确"两不"——不准看、不能摸。对待陌生人,需要做到是四个"不":不谈、不喝、不吃、不玩,因为不能确定陌生人是好人还是坏人,所以要尽量远离,避免危险发生。对待熟人,要树立起"认识的人不一定就是好人"的警觉意识。因为熟人(亲人、邻居、老师、父母的朋友等)往往容易让人放松戒备,而多数的性侵事件都是熟人所为。

2.女孩子隐私部位谁可以看?

自己可以看,生病、洗澡等特殊情况下,妈妈可以看;在妈妈的允许下,医生可以看;除此之外的任何时候,其他人都不能看、不能摸,即使是父亲和老师也不行。

3.什么样的身体接触是好(不好)的?

生活中我们会用身体接触来表达爱意,我们会和家人抱一抱、亲一亲面颊、靠一靠身体、牵一牵手等,这样的身体接触是温暖的、舒服的、安全的、公开的,让我们感受到爱与被爱,是好的接触。

如果成人与我们身体接触的时候,成人身体的某个部位(手、生殖器)在孩子身体的隐私部位反复触摸或者摩擦,并告知不能和别人说,这就是不好的接触。我们要告诉孩子,当遭遇不好的接触时,要敢于说"不",要求对方立即停止,想办法离开这个成人,并把事情告诉父母。

4.什么是性侵行为呢?

对于孩子而言,抚摸或者看隐私部位都算性侵。具体可以表现为:

(1)把你带到一个隐秘的地方,叫你脱下衣服或裤子,摸你的隐私部位;

(2)让你摸他的隐私部位,或者让你看他的隐私部位;

(3)带你看有很多成人裸露隐私部位的电影或者视频;

(4)用他的隐私部位接触你的隐私部位;

(5)在公共场所,如地铁、公交车摸你身体的隐私部位;

(6)谈论与隐私部位有关的话题。

5.哪些地方容易引发性侵?

(1)校园内环境昏暗、闭塞,不容易被人察觉的角落;

(2)小路旁人迹罕至的公共厕所;

(3)回家路上偏僻而狭窄的道路;

(4)公园里僻静无人的地方;

(5)建筑工地等人少、偏僻的地方。

特别提醒:要尽可能避免去这些地方,即使是和小伙伴一起。在人多的地方也不要放松警惕。女孩子尤其需要注意,不要单独行动,不要和异性单独去一个地方,哪怕是与自己很熟悉的亲人、邻居等。

6.告诉孩子自我保护的知识。

(1)教孩子自我保护的知识,学会拒绝。教育孩子当他人的碰触令你不舒服或不安时,应立即要求对方停止,不须听从大人的要求。家长可教孩子练习说"不要",并实际练习"跑开"及"大声呼救"的动作。家长还可与孩子一起演练,万一无法跑开该如何拖延或寻找脱身的理由,比如大声说:家人要过来找我、已和别人约定要去某处等。

(2)在校内或上学、回家的路上要结伴而行,不要到四周没人的地方去,千万不要为了图方便走偏僻的近路。平日里外出郊游、参加班级活动,要结伴同行,不单独与男同学到森林、公园或人少的地方去。

(3)独自在家时遇到陌生人敲门不要开门。对于自称是父母的亲戚熟人者,要先打电话向父母证实,确认后方可开门,并要求父母尽快回家。

(4)加害人可能是熟人或是陌生人,所以平时应协助孩子建立可信任的人际网络,并与孩子讨论就近可以求助的对象。一旦发现有异常情况,可以跑到人多的地方,如附近的商店,或向警察、路人求助。练习在危急情况下如何拨打110求助电话。

(5)上网时,不在网上留下自己真实的姓名、住址、班级等资料,不去会网上结交的朋友,也不接待来访的来历不明的网友。

(6)受到委屈,应向父母倾诉,不要找男同学帮自己出气,怕被报复的心理常易使女孩被诱失身。遇到伤害,一定要勇于举报,一味软弱只会再次受到伤害。

7.当无法逃脱侵害时,告诉孩子牢记"骗、记、留、说"四字诀。

骗:要尽可能骗取对方的信任和同情,降低受危害程度;

记:记住对方最明显、最具代表性的体貌特征;

留：尽可能留下证据，如在现场留下自己的随身小物件，事后用来证明侵害发生的地点；

说：侵害发生后不要立刻换衣服、洗澡，而是先到公安局、派出所报案，并到医院检查，以此保留侵害者的证据等。

8.侵害发生后，作为老师或家长应该怎么做？

（1）尊重并保护受害孩子的隐私权，不要一个人躲起来伤心流泪，或者将这种行为深埋心底压抑自己，要积极、勇敢，以明智的态度来解决。

（2）做好保密工作，避免造成对受害孩子的二次伤害，将不法侵害降到最低程度，尽快将孩子心理上的阴影消除，并尽量减少对周围人的影响。

（3）及时报警，维护受害人的合法权益，争取警方的支持和法律的援助。

（4）告诉受害孩子，这不是他（她）的错，帮助孩子走出阴影，重新建立自信。

（5）了解事实真相，鼓励受害孩子说出实话，并给予支持。

（6）安排受害孩子去医院检查，并给予心理疏导，保存好有关证据。

# 让孩子健康成长

**案例再现**

宋泽伟，十岁，五年级三班学生，母亲常年在外打工，现在由父亲带着。他头脑聪明、反应灵敏、口齿伶俐、上课回答问题常常有自己独到见解，但学习被动，尤其不爱写字，写作业经常拖拉，而且心胸狭窄，容易冲动，爱发怒，好打架，多次与本班同学及其他年级学生发生冲突。

他是和班上的同学五年级时一道从其他村小转到我们班的。第一节课上，我就发现了他聪明、大胆，他甚至毛遂自荐，说自己的数学成绩从来没有低于九十分，因此申请当班干部，可是他原来的同班同学都说他吹牛，说他写作业经常拖拉，没有一个人推选他当班干部。于是，我鼓励了他的聪明与大胆，并给他一个当小组长的机会，看他以后表现如何再做决定。一学期下来，我看到了他的很多优点(聪明伶俐、反应灵活、课堂上积极发言、能言善辩)，可是缺点也是一大堆，尤其是写作业拖拉。我用过很多方法，可以说软硬兼施，他就是不做作业，老师管一天，他做一天，第一天管用了，第二天又拖拉。还有就是小气，以自我为中心，总认为自己永远是对的，别人一个玩笑都可能使他生气，动不动就和别人打架。而且常常在其他同学都沉浸在快乐中的时候，他却弄出一副不屑一顾的表情。因此我在他身上花的工夫比其他人多得多，常常苦口婆心劝说，仍起不了多大作用。

有一次，他和同学闹矛盾，打破了教室窗户上的玻璃。我对他的一顿严厉批评和晓之以理、动之以情的说服之后，我和他爸爸通了电话，讲了他的在校表现，爸爸对此事表示道歉，并买了与教室窗户配套的玻璃安装上。我又给他外地打工的妈妈说明情况。他妈妈说："他从小就是这样，总认为别人都对不起他，就连在家里和姐姐发生争执，由于他的不对，大人说他一两句，他就说一家人都欺负他……"

我通过与他妈妈的多次电话沟通以及与他爸爸的多次面谈，了解了他的更多成长经历。我抱着不放弃、不抛弃的态度，常常跟他谈心，视其犯错误的轻重程度采取不同的教育方式，或心平气和，或严厉批评，也常常鼓励他的优点和进步。经过一段时间的工作，他的精神面貌发生了不小改变。

**案例分析**

1.家庭因素的影响。由于两岁时爸爸妈妈出去打工，把他放在家由奶奶照顾，奶奶经常教他别受人欺负，有时奶奶还由于小孩子的矛盾与别人吵架，因此养成了他争强好胜的性格；由于爸爸性格暴躁，遇到他犯错误的时候，常用武力对付他，使他养成了爱打架的习性；妈妈对他的溺爱也使他想怎样就怎样。

2.成长环境的影响。奶奶去世后，他曾被寄养在姑姑家，在姑姑家附近的村小学上一学期，后又转到河北省读书，再转回自己家附近的村小，现在转到城关一小。不断地变换学习环境，使他需要不断适应新环境。争强好胜的他在遇到同学白眼和不恭时,常常用打架解决问题,时间长了,什么事儿他都想用打架来解决。

3.学习习惯的养成。由于在学习的最初阶段由爷爷奶奶监护,爷爷奶奶只能关心他的吃穿,无法辅导他的学习,加上村小老师对学习要求较松,以及频繁转学,使他养成了懒散的毛病。

4.学生心理特点分析。由于父母常常不在他身边,缺少父母关爱的他少了许多与父母沟通的机会,因此他渴望得到父母之外其他人的关注,于是,他便通过一些在常人看来不太合理的方式引起他人注意。如通过打架或与班里同学截然不同的表现来引起老师和同学们对他的注意;通过和姐姐吵架引起家里人对他的关注。其实他是一个孤独的小男生,就像一只刺猬,把自己紧紧包裹着,只要靠近他,就会受到他的刺扎,孤独的他既想获得友情,又不断刺扎靠近他的人。

**专家支招**

针对宋泽伟的现状,我采取了"家校合作"的方式对其进行教育,引导他朝着正确的方向发展。具体计划和策略如下:

1.谈心拉近师生距离。在我们班里,宋泽伟同学就像一颗不定时的炸弹,稍不注意便一触即发。作为班主任的我免不了每天都要与他斗智斗勇。用得最多的方法便是与他谈心,从生活习惯、学习方式、兴趣爱好、与人共处等方面以严师、慈母、朋友等角色晓之以理、动之以情,最终使他愿意与我交流,让那些不快与怨恨随风而去。

2.家访搭建家校桥梁。通过电话建立与家长的长期联系,通过面谈拉近与家长的距离,与家长共同商讨对宋泽伟同学的教育方法。从表扬其优点开始,打开家校合作局面,向家长汇报宋泽伟在学校的点滴进步,尽量少告状,多鼓励,特别不当着学生的面向家长数落学生,而是通过谈话增强学生和家长的信心。遇到问题,心平气和地与家长进行沟通,万不得已时,请家长带回孩子进行劳动教育,让孩子在劳动与学习的对比中体会学习与做人的重要性。(值得一提的是:宋泽伟的家长通情达理,始终能够积极与老师配合。)

3.建群促进家校联系。为加强老师与家长的沟通与交流,树立孩子的自信心,通过网络建立班级 QQ 群和班级微信群,将学生的进步和成绩及时公布于班级群,使家长及时了解班级和孩子动态。同时,鼓励家长向老师提出意见和建议。宋泽伟同学的优点很多,我们通过班级群向家长展示他的每一次进步与成长,家长看在眼里,喜在心头,等他回家后对他大加赞赏,得到老师的认可,他的自信心一次次被增强,兴趣一次次被激发,"毛病"渐渐减少。

4.兴趣提高合作成效。头脑灵活、思维敏捷的宋泽伟在我们班打造书香班级的过程中渐渐爱上了读书,尤其喜欢阅读科幻类和探险类书籍。我以此为契机,鼓励他大量阅读学校藏书,同时与家长沟通,鼓励家长为他购买他喜欢的书籍,以阅读转移他的注意力。家长与老师积极配合,为他购买了大量书籍。近期他遨游在书籍的海洋里,渐渐忘了与同学们的"打斗",忘了与老师的"纠缠","问题"越来越少。

**反思与总结**

宋泽伟同学由班里的"问题孩子"一点点进步,一点点变"好",渐渐融入班级当中,是家校合作的功劳。这个家校合作的案例使我认识到:与学生沟通时,只有学生愿意与你沟通,才能达到教育目的,而沟通的意识是需要培养的。家校合作,培养问题学生的沟通意识使我的工作事半功倍,正所谓"万事好商量,啥事也好办"。

"亲其师,信其道。"在家校合作的过程中,我感受到家长那期盼的目光;每一次通话,都是一次心与心的交流;每一次家访,都是一个动人的故事;每一次家校合作,孩子或多或少都有了一些改变……实践证明,家校合作拉近了老师、学生和家长间的距离。因此,重视学校教育与家庭教育的有机结合,创设和谐的家校合作气氛,就能更好地促进学生健康成长。

# 学生健康成长案例分析

**案例再现**

在我们班里,有一个好动的学生刘某某。他人长得瘦小,好动爱讲话,还特别爱随地扔垃圾。他人很聪明,但是上课的时候总管不住自己的手,不是逗弄同桌,就是自己玩,有时一个笔头就能玩大半节课。跟他同桌的同学换了又换,有的受到他的感染,也不同程度地违反课堂纪律,影响任课老师的课堂教学和情绪。对于这位同学,任课老师的反应非常强烈,因为他的行为不仅违反了课堂纪律,而且严重影响了教学进度和任课老师的教学积极性。他对任课老师的批评教育非但不能谦虚接受,而且还处处找借口,刁难老师。任课老师经常向我反映,也许因为我是班主任的缘故,在我的课堂上他还算"识相"。我利用课余找他谈话,而他总是这里答应改,转头又管不住双手。有时我到班里听课,他也能认真听讲,不过最多十几分钟又开始动了。我多次找家长沟通,也无济于事。

有一天早上,他爸爸突然来学校偷偷告诉我:孩子有点多动症,医生说吃药不利于孩子身体,希望老师能体谅。

**案例分析**

1.学校教育的误区。

学校采取的某些管理手段严重伤害了"问题学生"的自尊。如有的学校为了升学率,分重点班和非重点班,这表面看是分层教学,实际上是对在非重点班同学的无形伤害。使得这些学生更加不想学习,继而无事生非,各个方面全面滑坡,越来越差。

2.教师在教育教学过程中的失误与偏差。

首先是教师不重视学科教学活动中的德育功能。有些教师只管自己这堂课的教学,认为学生的德育工作是班主任或学校政教处的事。其次是学生学习遭受挫折后,有些教师缺乏应有的耐心和爱心,不但不去辅导,反而挖苦、讥讽、责骂他们,使他们丧失了学习信心。

3.家庭教育不当。

有的父母对子女期望过高,望子成龙、望女成凤心切,而引导教育又片面简单;有的父母性格暴躁,教育子女没有耐心,动不动就大打出手;有的父母疏于管理、对孩子关心少;有的父母过分放纵、溺爱、娇惯子女。从对"问题学生"的家庭背景资料分析来看,父母疏于管教和少关心孩子是形成"问题学生"的重要原因。

**专家支招**

冰心说过:"世界上没有一朵鲜花不美丽,没有一个孩子不可爱。因为每一个孩子都有一个丰富美好的内心世界,这是学生的潜能。"

有一天正上着课,我发现刘某某在一张废纸上画画,尽管他这样做不对,但画得相当不错。抓住这个机会,我让他展示自己的画,同学们都认为画得不错。随即我向他提出如果在学习上也能这样出色就更好了。那段时间,他每天都认真做作业,我总是及时表扬他。还有一次,班里大扫除,他非常积极,抢着拿扫把打扫清洁,并用抹布把自己座位周围打扫得很干净。我立刻就在班里表扬他,要同学们向他学习,看他多会劳动啊!打那以后,他扔垃圾少了,有时还看见他自觉地捡地上的垃圾。课间也不和同学追打了,并能与同学和睦相处。后来,我又让他做了纪律小卫士,他非常开心,看到老师如此器重自己,他的学习劲头更大了,成绩进步神速。

**反思与总结**

由此看来,只要给"问题学生"多一点关注,让他们的"闪光点"发光,使他们感到老师时刻在关注他,还有就是不要吝惜赞扬之词,有问题及时处理,有了进步更要及时表扬。学生希望得到老师的认可,更渴望得到表扬,这会激发学生强大的学习动力。转化一名后进生可以带动整个班集体,意义非常重大。

班主任工作虽然辛苦,但是不枯燥。因为我们面对的是鲜活的个体,特别是帮助那些心中有阴影的孩子走出阴影,那种胜利的喜悦、独有的享受,只有班主任才能感受到。

# 家校携手齐努力

### 案例再现

2010年9月,我刚刚参加工作,任教五年级,班内有个学生叫小伟(化名),男,十一岁。在老师们眼里,他是一个不折不扣的"问题学生"。他平时不遵守课堂和课间纪律,听课注意力不集中,时而前后摇摆着座椅,时而扭转头和同学说话。即使在老师督促下,注意力仍然很难集中。学习习惯不好,学习态度不端正,不肯踏实努力做事,作业经常不完成。懒得做一些动脑思考的题目,只愿意完成部分语文、英语的抄写作业,需要背诵、默写的作业,一律是空白。他个子很高,肢体动作灵活,喜欢体育运动,尤其喜欢打篮球,经常在操场与上体育课的同学打篮球。他脾气大,常闹事,不听家长的话,经常与家长对着干,惹得家长时常为他担心。

造成小伟学习散漫、逆反心理强的原因是多方面的。首先从他的家庭情况来分析。小伟生活在一个复杂的家庭,父亲常年酗酒,经常和妻子动手打架。2008年,小伟的父亲因盗窃罪获刑入狱七年,母亲改嫁远走他乡,他基本上是一个人在家,有时在奶奶家。奶奶总是觉得小伟父母都不在身边,比较可怜,所以溺爱娇宠,导致小伟在家一直处于以"我"为中心的氛围中。对于爷爷和奶奶的教育,孩子心里根本不服气,随着时间推移,孩子在校表现越来越不能令老师和家长满意。老师将他的学习情况和行为规范存在的问题向其家长反映,家长教育归教育,但还是经常找理由袒护。

### 案例解读

根据小伟在学校和家庭的表现,我做了以下分析:孩子有多动、暴力行为,情绪不稳定,身体触觉过度敏感,严重影响着孩子的学习和交往。随着年龄增长，其学习能力和良好的学习习惯没有养成，这样也是一个恶性循环的过程，而且孩子不愿意同家长和老师同学交流，这些都影响着孩子健全个性的形成。加上家庭教育方式不当，造成了孩子的抵触情绪，因此在家庭教育过程中，很难取得良好效果。

**专家支招**

教育是家庭、学校、社会共同参与的系统工程，因此，对特殊孩子的教育更应注意三位一体结合。因此，我与家长联系，共讨教育方法，共同寻找孩子问题的根源。经过谈话，其爷爷奶奶深刻意识到自己在教育方面的失误与不足。我同他们商量后，增强了我们改变小伟的信心和希望。我发现他旷课去打篮球，就对他说，我发现你有一个优点，就是很爱运动，篮球打得好。第二天他对我说，除了篮球打得好外，其他方面我也有优点，你今天再给我找出一个。我感受到了他"善意"的交流，及时抓住最需要解决的行为问题，对其进行良好的行为促进。在教育时，尽可能地避免负面行为，更多给予鼓励，让他认识到自己的长处和优点，培养自信心，给他更多的关注和期望，树立他在学生中的威信，改善他的人际关系。经过一个学期的共同努力，十一岁孩子应该有的灿烂笑容时刻挂在他的脸上，我们大家都很欣慰！

## 持续关注鼓励

**案例再现**

2018年儿童节，上午学校举行了隆重的庆祝活动，活动结束又看电影，下午照常上课。

午休回到学校，到达办公室必经我们五一班教室，我习惯性地从教室走一趟，顺便说说下一节课的主要任务。几个机灵的小鬼头照例围拥过来，问这问那。

我一一回复着，不料小勇挤进来，很委屈地说："老师，老师，你怎么不去看节目。"

我不假思索地回答:"我批阅你们做的单元练习题了,今下午咱就讲呀。"

小勇更委屈了:"我找了一圈都没看到你。"我心里一颤,随即道:"你的节目我看了。"小勇还不大相信:"真的?"我打开手机给他看:"你看,我还发了朋友圈,我的朋友们点的赞。还给你拍了一个特写。"小勇满脸立刻变得阳光灿烂。

我的关注对一个孩子那么重要,幸福之余,也感到了肩上沉甸甸的责任。

其实,那天我看完第三个节目才回到办公室,把小勇同学参演的《荆轲刺秦王》完整地看了一遍。

小演员们投入的表演,动人心魄的背景音乐,打动了在场的所有观众,大家凝眸倾听,给予了高度评价。我们班的小勇扮演燕王,语调抑扬顿挫,举手投足气度不凡,令人刮目相看。

看着眼前这个"小燕王",我夸奖了他:"你怎么能把燕王演得这么好,天生的演员!"这个一贯调皮的孩子笑了,羞涩又快乐。

日子一天天过去,小勇变化很大。课堂上他积极举手,明亮的眼神闪烁着自信的光芒,每次背书又快又好,曾一度超过我们班的"神童"小航。

老师的慧眼是多么的珍贵呀!

我的表扬给了一个孩子成长的动力,然而这个孩子又何尝不是我的老师呢?难道这个孩子不是给我上了生动的一课吗?

从此,"赞赏"成了我的"拿手好戏",成为我教学历程中事半功倍的妙招。

**案例分析**

生活风轻云淡、波澜不惊,这看似平静的表象里,潜藏着不动声色的波澜。不管学校教育还是家庭教育都在平凡甚至琐碎的生活里发生。我们要关注自己的言行,关注孩子的需要。

小勇这个顽皮少年的变化,让我从实践的层面确知"教育是关乎灵魂的",教育是细致而生动的。需要教师、家长持续关注与鼓励。

这件事让我想起了很久以前听过的一句话"教育就是一棵树摇动另一棵

树,一朵云推动另一朵云,一个灵魂唤醒另一个灵魂"。我查了一下,这是德国哲学家雅斯贝尔斯的著作《什么是教育》中关于教育本质的生动描述。

鼓励是教育中比较重要的方法之一,每个孩子都需要不断鼓励才能获得自信、勇气和上进心,这就像植物必须每天浇水才能生长一样。但是鼓励教育不是盲目的,要把握好一个"度",这样才能更好地发挥鼓励式教育的好处。

**专家支招**

1.鼓励孩子的第一层境界,也是最要紧的一点,是在想骂孩子的时候闭上嘴。因为责骂,一定会让孩子变得更糟糕。

2.鼓励孩子的第二层境界,是开始认识到孩子需要夸赞,愿意因为孩子的成就表达赞赏。

3.鼓励孩子的第三层境界,是我们认识到"过程"比"结果"更重要。

4.鼓励孩子的最后一层境界,是要"看见孩子"。

# 绰号的烦恼

外号在校园欺凌中往往会起到一个帮凶的角色,很多带有侮辱性的外号会给孩子带来伤害,甚至会造成一生的心理创伤和阴影。

**案例再现**

我们班有几个孩子特别调皮,学习成绩也不理想,经常违反纪律。有一次,上信息技术课,上到一半,有几个孩子因为打架,让老师"送回来"了。我一看打架的孩子正是那几个班里最调皮捣蛋的,不过让我吃惊的是,其中竟有一个班里最老实的孩子小伟,平时他在班里不太爱说话,和别的同学也不怎么交流。小伟被其他几个同学打了,头上起了一个大疙瘩,他一边捂着头一边哭。然后我就挨个"审问"这几个学生,原来是这几个学生经常给小伟起绰号,这次小伟忍无可忍,和他们几个打了起来。小伟说这几个同学经常欺负他、骂他、给他起绰号。小伟说,因为他妈妈没有工作,自己在外面开了个馄饨摊,每天都在外面摆摊,非常辛苦。这个事情被这几个同学知道后,觉得小伟的妈妈摆摊让人瞧不起,就拿这个事情取笑他。刚开始他没有太在意,觉得就是同学们开玩笑,加上他平时有点内向,也没和家长、老师说。后来我把这几个调皮的学生狠狠批评了一顿,安慰了小伟,并且告诉他,有什么事情不要憋在心里,要及时和家长、老师交流。

**案例分析**

21世纪教育研究学院通过一份调查报告:40.7%的中小学生都经历过被起难听绰号的经历。小学阶段,班里常有一些学生给别人起绰号,他们可能觉得无伤大雅,就是同学们之间开玩笑,但是一些孩子十分敏感脆弱,恶意绰号已经影响了他们的心理健康。对于小伟来说,绰号对他已经造成了严重影响,让他在其他同学面前抬不起头来,甚至产生了自卑心理。那几个调皮捣蛋的学生,则把欺负同学当成了一种乐趣。

(一)总爱给人起绰号的孩子,多半是这三种心理:

1.自以为是。

爱给别人起绰号的孩子,他们一向自以为是,总觉得自己随意去评判别人没有什么过错。起绰号很容易引起他人反感,是低素质的表现。

2.无同理心。

爱给别人起外号的孩子,他们的性格比较自我,不会为他人考虑,只顾自己过嘴瘾,根本不考虑自己的话会给他人造成什么伤害,缺乏同理心。

3.不会适度开玩笑。

爱给人起外号的人,性格多数大大咧咧,他们觉得什么事情都可以拿来开玩笑,做事情把握不好分寸,不把别人的情绪当回事。

(二)绰号对孩子的影响。

父母千万别觉得"绰号"只是一个外号,无关紧要,它对孩子的成长有着重要影响。

1.不利于孩子融入群体生活。

贬低性的绰号让孩子难堪,使得他们不愿意加入群体。比如说,你一走到群体中,就有人喊你"鼻涕虫",你会高兴吗?你还愿意出现在群体面前吗?所以,绰号很可能导致孩子讨厌参加群体活动。孩子的社交技能得不到锻炼,容易影响孩子的社会化过程。

2.固化并放大"绰号"隐含的内容。

当周围的人都在喊你的绰号时,你就生活在这样的环境里,你就会不自觉得把绰号隐藏的含义内化,形成与绰号相符的自我认知。比如说大家都喊你"胖子",你原来可能不觉得自己胖,但是当大家都喊你"胖子",你的内心就会认为自己胖了;当大家都喊你"胆小鬼",你就会把"胆小鬼"内化,真的觉得自己是胆小鬼了……

这就像给人贴标签,本来不明显的特征,一旦标签化,这标签就变成真的了。

**专家支招**

父母应该提前做好预防,尽量避免孩子被起绰号。

绰号的一个重要来源是根据名字演化,因此父母在给孩子起名时就要注意名字可能引起的问题,比如隐含意思、谐音等,避免孩子因为名字被起绰号。再比如在孩子上学前,提前给孩子准备一个有益的绰号,让孩子上学后主动说出,以避免孩子被人家起恶劣绰号。

其次,求助老师。

在绰号刚开始出现时,还没有形成大规模影响的时候,这是扼杀绰号的唯一机会。父母不要干预,可以找到老师,请老师制止。也不用说单独点名,指出你孩子的绰号问题,越是点名反而越容易强化该绰号。让老师在全班整治一番绰号问题,争取把孩子的绰号扼杀在初始阶段。

再次,引导孩子正面解读绰号。

老师的制止没有起到作用,父母就需要给孩子调整心态,尽量引导孩子从正面积极的方面解读绰号。

总之,绰号问题并不简单,特别是一些明显带有贬低色彩和带有攻击性色彩的绰号,不仅会影响孩子的社交活动,还会内化成孩子的性格特质,让孩子真的变成像绰号一样的人。

## 用爱浇灌孩子心田

**案例再现**

英语课上老师正在上课,周龙龙突然发出一声怪叫,引起全班同学哄堂大笑。

英语老师说:"你怎么不听讲?为什么扰乱课堂?"

周龙龙说:"我又不想学习,反正学也学不会,我为什么还要学?"

我和英语老师跟他谈了多次话,他不但不听反而变本加厉,还和老师顶嘴,没办法只好联系了他妈妈。周妈妈到校后,也不问孩子发生了什么情况,就向孩子发了一通牢骚。

周妈妈说:"你怎么老不听话,老不学习,平时要什么就给你买什么,我反正是管不了你了,回家后让你爸爸打你一顿。"

周龙龙不以为然地说:"打就打,我又不怕"。

**案例解读**

周龙龙好动贪玩,平日在校下课时总是惹是生非,许多同学是他的"猎物",经常受到他的攻击。他喜欢结交顽皮的学生,经常违反纪律。比如课堂上爱插嘴,老师在上面讲,他就在下面讲,东张西望,逗同桌说话,有时还情不自禁地大声说笑,引起学生的注意。据我观察了解,这孩子的种种行为是有意而为之,是为了引起别人的关注。他学习马虎,对老师和同学的帮助置之不理。受到老师批评时,就闹脾气,要么顶嘴,要么垂头丧气,没精打采。受到老师表扬时,就洋洋得意,沾沾自喜。

造成孩子这种表现的原因主要来自他的家庭。他们家是重组家庭,生活不太富裕,他父亲在外在打工,和孩子接触的时间很少,生活和学习全由妈妈照顾。妈妈没上过几天学,没有固定工作,平日打零工,对孩子的教育问题也不是很懂,很少关心和督促他的学业。他还有一个同母异父的哥哥,两人感情不好,经常战火不断。

因从小父母对他的生活及学习都未能给予更多的关注,所以童年的家庭环境造成了他自由、放纵、天马行空的性格。另外由于经常犯错,经常受到批评,说教没有效果爸爸就用打骂的方式解决,使他变得更加难以管教。教师对他进行教育,他也不理不睬。

这样的孩子在教学中经常碰到,确实让老师和家长费心、头疼,怎样教育、转化这部分同学,使其身心健康成长呢?

**专家支招**

1.父母要多花费时间去陪伴孩子,多和孩子沟通。

无论父母每天多忙,都应该抽出时间和孩子聊聊天,或者一起看书,或者一起去户外运动,营造一个良好的健康的家庭氛围。这样会使孩子生活在充满爱的氛围里,对孩子的教育起到积极的推动作用。缺乏爱的人,内心比较脆弱,总是觉得孤单,没有安全感,只能越来越孤独,做事也会偏激、钻牛角尖。只有让他感觉到被关注,被呵护,才能改变他孤独偏激的性格。多给他陪伴,多从日常生活上给予关心:上学时给孩子一个拥抱,放学时问问在校的有趣的事情,天冷提醒加衣服等。让孩子时刻感觉到家庭的温暖、父母的关怀,孩子才能身心健康成长,才能去关爱周围的人,才能热爱生活,热爱学习。

2.家长应该多给孩子表扬和鼓励。

常言道:良药苦口利于病,忠言逆耳利于行。可心理学家却认为:在人们的心灵深处,最渴望他人的赞美。赞美是一种鼓励,它在人们心灵深处植入的是信心和力量,播种的是奋进向上的种子;它是一种兴奋剂,让人更加充满活力和精神;赞美还是一种认可,一种肯定,能使人们坚定发展的方向。相反,批评虽然可以帮助受教育者认识错误,但其心理是不悦的。至于粗暴的批评,更是一种适得其反的做法。

聪明的父母喜欢激励孩子,愚蠢的父母总爱指责孩子。宽容的父母总是在肯定孩子,他们容易发现孩子点点滴滴的进步。"很好,孩子,你比昨天又进步了!""不要紧,成功躲在失败的后面!"孩子看到自己的进步会信心十足。在宽容中长大的孩子,将会极富耐心。苛刻的父母容不得孩子犯错误,面对犯错的孩子非打即骂。这是在逼着孩子说谎话,由此孩子学会了逃避,学会了推卸责任。在指责中长大的孩子,将来容易怨天尤人。

聪明的父母明白,任何一个孩子的成长历程,都是一个犯错——知错——认错——改错的过程。不允许孩子犯错,是对孩子的伤害。他们会耐心地帮助孩子认识错误,让孩子去感受自己行为带来的后果,让孩子学会对自己的行为负责。

3.不要总是拿别人的孩子与自己的孩子做比较。

不要认为我们的孩子永远不如别人的孩子。在欣赏中长大的孩子爱人爱己,在指责中长大的孩子钩心斗角。不要去管别人的孩子在看什么书、做什么题、学习到了几点、成绩考到了什么位置,也不要总是向孩子灌输和推荐太多的参考资料,要让孩子保持自我,按自己的目标走。因为每个人的需要不同、目标不同,进步发展的曲线也不同,孩子最了解自己的情况,所以让孩子保持自我是非常重要的。中国有一句话"人生十指有长短,一母同胞有愚贤",说的就是这个道理。

作为家长,我们要用爱去滋润孩子幼小的心灵,细心捕捉孩子的闪光点,让孩子在温暖的环境中成长。经过努力,孩子终会有所收敛,约束力有所增强,虽然还会时常犯错误,这也是正常的。所谓"精诚所至,金石为开",如果我们用科学的方法找到打开学生心灵的钥匙,他们一定会给我们"柳暗花明又一村"的惊喜。

## 帮助孩子戒掉网瘾

播种行为,可以收获习惯;播种习惯,可以收获性格;播种性格,可以收获命运。

——英国作家萨克雷

良好行为习惯的养成,对一个人的成长有着至关重要的作用。有助于学习的提升,生活的改善,有助于以后成为更加优秀的人才。而不良的行为习惯会导致一个人的行为偏差,严重的可能会影响一个人的一生。不良习惯是如何养成的呢?我的脑海中浮现出了这样的画面……

**案例再现**

放暑假之前,明明的学习成绩在班里虽然属于中等水平,但他学习积极认真。暑假结束,上了六年级后,不知道为什么,成绩开始下滑,上课发呆走神,甚至打盹,精神萎靡,还有黑眼圈,经常完不成作业甚至不写作业。孩子的父母说以前孩子一回到家就写作业,现在回家发呆甚至不写作业了,对学习越来越没有兴趣。

有一天早上,明明磨磨蹭蹭,直到七点了才起床,吃饭后也不去上学,而是在家里发呆,磨蹭到了七点半还是没有去上学的意思。妈妈看他的样子感觉不对劲,就问他为什么还不去上学?孩子竟然说学习没意思,自己学不进去,不想上学了,除非是妈妈给他买个新手机他才去上学。孩子的妈妈这才回过神来,原来是孩子想利用不去上学这件事情要挟妈妈买手机。原来在家长不知道的情况下,孩子已经养成了玩手机的不良习惯。那孩子是怎么沉迷于手机无法自拔的呢?

**案例解读**

班里的孩子发生了这种状况,我和他家长认真沟通。我了解到,暑假的时候父母把孩子放在了奶奶家,让孩子和奶奶做伴,家长一周去看一次。本来这个想法很好,让孩子陪陪老人,让老人享受一下天伦之乐,弟弟也不影响哥哥写作业,可是结果却事与愿违。因为奶奶年纪大了,溺爱孩子,根本管不了孩子。在这种情况下孩子胆子大了,想干什么就干什么。在奶奶家太无聊了,所以孩子就拿着奶奶家的一个旧手机玩,上网、打游戏、看抖音。仅一个暑假的时间,孩子就沉溺网络无法自拔了。开学后,孩子一有空就藏在被窝里偷偷拿着旧手机玩,甚至玩到半夜。晚上休息不好,上课无精打采,精神恍惚,注意力不集中,学习效率低下,导致学习成绩下降,以致发展到不去上学要挟家长买新手机。

因为缺少家长陪伴,孩子逆反心理很严重,经常把自己关在屋里。孩子的妈妈又太溺爱孩子,明明知道孩子拿着旧手机玩,却没有狠心阻止孩子,没有把家里的网络断掉。如何帮孩子戒掉网瘾?家长应该如何做呢?

**专家支招**

专家提示,首先要分析孩子沉迷网络游戏的原因,弄清孩子为什么喜欢网络游戏。好玩是孩子的天性,尤其是高楼林立的城市,孩子放学后几乎找不到小伙伴玩耍,网络游戏在很大程度上填补了孩子的孤独。

1.家长言传身教,以身作则,当好孩子的引路人。

家长不能为了图省事就把孩子放在老人家,这样孩子就无人看管,让他有可乘之机。家长要以身作则,果断关停网络,自己不玩手机,创造一个无网络的家庭氛围。这样家长在孩子心目中的威信就高了,孩子看见爸爸妈妈都不用网络,觉得自己对网络的迷恋是不对的。

2.丰富孩子生活,采取积极措施,转移孩子注意力。

周一到周五的晚上,家长一定要和孩子共同学习。在孩子写作业的时候,家长在一旁看书陪伴孩子。周末,家长拿出时间多陪伴孩子,充实他们的精神世界。比如陪孩子进行户外活动,让孩子多和同学聊天,进行体育锻炼等。

3.尽可能少打骂孩子,要做孩子的倾听者。

很多暴脾气的男家长只要孩子不听话就打孩子。孩子玩手机这个不良习惯不是一天就能改掉的,所以家长要有足够的耐心去说服、教育孩子,而不是打孩子。孩子经常挨打就不把挨打当回事了,会更不听话,甚至还会反抗。大家想一想,当今社会处处充满竞争,家长把自己的人生理想寄托在学生身上,希望通过孩子的出息体现自己的人生价值。因此,小小年纪的学生背负着重压,除了学习还是学习。这样要求孩子,造成了他们的不满与反抗。他们渴望与人交流、与人倾诉、被人理解、得到真正的关心(包括身体上的与心理上的)。为了孩子身心健康,家长不管多忙,每天抽出一定时间了解孩子,做孩子的倾听者,与孩子建立一种朋友关系。家长绝不总是以一种我是家长、你必须服从的态度来教育孩子。家长应该积极与孩子进行平等的交流和沟通,去了解他们的内心世界,了解孩子所需所想,给孩子以精神上的关怀、理解与安慰。如家长可经常与孩子聊孩子感兴趣的事情,共同参与孩子感兴趣的有意义的活动,尊重孩子的认知,满足孩子精神上的需求,减少孩子上网的欲望。

4.适当奖励孩子。

对于一些对网络比较痴迷、很难马上就戒掉网瘾的孩子来说,家长给他们切掉网络的时候,他们会做出一些过激的行为,甚至离家出走。对于这种难缠的孩子来说,家长应该采取奖励战术,不要急于求成,和孩子商量每天上网的时间,让每天上网的时间慢慢减少。当孩子每天少看一点儿网络的时候,家长应该在语言和物质上奖励孩子。比如为了孩子戒掉网瘾,家长可以实行积分制,每天少上一点儿网家长就给孩子积分,等积到一定分数就满足孩子的一个愿望。久而久之,孩子慢慢就能戒掉网瘾。

5.家校共育,帮助孩子戒掉网瘾。

学校是塑造学生人格的场所,无论孩子在家庭中多么特殊,在学校里他们都是平等的。对于沉迷于网络的孩子来说,老师更应该多关心他们,多和他们进行心理沟通。学校可以丰富课外活动,比如我们学校下午第三节就是活动时间,我们学校设立了各种社团,如绘画、书法、弹琴、舞蹈、篮球、足球、手工制作等,尽量丰富学生的课外生活,让孩子们在社团里找到自己的快乐。学校用健康有益的活动来抗击不良网络,让孩子少受不良网络引诱。

我们班的明明在家长和老师的共同努力之下慢慢戒掉了网瘾,对学习也有了兴趣。所以说家长应该言传身教帮助孩子,家校共育,改掉学生的不良行为习惯。孩子身心健康成长,家庭关系才会和谐美好。

## 培养孩子自律

有一种品质,可以使一个人从碌碌无为的平庸之辈中脱颖而出。这个品质不是天资,不是教育,也不是智商,而是自律。

——西奥多·罗斯福

自律,是所有优秀者的共性,是一个孩子最应该拥有的品格。自律就是在该做某件事情的时候,不管你喜欢不喜欢,都应该去做。不要羡慕那些成功的人,因为没有一份好运能轻易降临。所有好运都是建立在努力和自律的基础之上。别总想着投机取巧,你偷的每一个懒,都会在日后成为遗憾。

养成自律,很重要,也很难。生活中一个个鲜活的画面时不时出现在我们眼前。

**案例一**

### 早上小明的家

已经是早上六点五十了,着急的妈妈又来到小明的房间。小明已经上六年级了,接着就要升入初中,习惯还是不好,什么都得妈妈督促,成绩非常糟糕。

妈妈说:"小明,快起床了,已经七点了,再不起床就晚了!"

小明说:"别吵,让我再睡会儿。"

直到七点半,小明才从床上一跃而起,急忙穿好衣服,背起书包,饭也没吃,匆匆忙忙来到学校。最后,小明还是迟到了,被班主任批评了一通。

### 下午放学后的小明家

妈妈说:"小明,不要再玩手机了,快写作业去吧!"

小明说:"不用急,我再看一会儿。"

……

直到晚上八点半,小明才慢吞吞来到电脑前,很潦草地写完了作业。第二天被老师叫到了办公室……

### 案例二

邻居家的孩子今年读高一,每天都坚持早上五点半起来跑五千米。寒来暑往,从没间断过,已经坚持了五年,他说这是他每天当中的必修课。这个孩子在学习上也从来不用父母操心……从一年级到现在,每年都被评为三好学生。每天放学前会把教室里的灯、门窗关好才离开,看到有垃圾的地方,也会主动打扫干净。

### 案例解读

两个孩子截然不同的表现,其根本原因在于孩子是否养成了自律习惯。不自律的孩子让家长操心、生气。经常有家长抱怨:"孩子做作业要大人守着,电脑一玩一整天,睡觉、吃饭、上学都得催,总之,大事小事,都没耐心,报的各种兴趣班都是三天打鱼两天晒网,爱偷懒还拖延,真是没办法了!"

也许你也会有这样的疑问:"同样是孩子,为什么有的能做到自律,有的却需要父母耳提面命呢?"

那么孩子的不自律到底是怎样造成的呢?

在家庭教育中,父母对孩子的唠叨与叮嘱过多或过久,往往会引起孩子不耐烦或逆反。这种现象被专家称为"超限效应"。"超限效应"是指由于刺激过多或过强,用时间过久,从而引起不耐烦或逆反的心理现象。

大作家马克·吐温就亲身经历过这种"窘境"。有一天,马克·吐温在教堂听牧师演讲。最初,他觉得牧师讲得感人肺腑,准备多捐点钱。过了十分钟,牧师还没有讲完,他不耐烦了,决定只捐点零钱。又过了十分钟,还是没有讲完,于是他决定一分钱也不捐。最后,牧师终于结束了演讲,开始向听众募捐时,马克·吐温由于气愤,不仅分文未捐,还从盘子里拿走了两元钱。看完这个小故事,是不是多多少少能找到点自己和孩子的影子?其实,在我们的家庭教育中,父母对孩子的唠叨与叮嘱过多或过久,往往会引起孩子不耐烦或逆反,甚至会事与愿违。

孩子讨厌被粗暴地委派任务,这样孩子会产生抵触情绪。

很多时候我们给孩子们制订计划、委派任务,出发点都是为了孩子好。但是如果不注意方式方法,让孩子感觉自己是被威胁、被强迫、被控制着做这些事情,他们很可能就会用"非暴力不合作"的战术来进行消极抵抗。

教育孩子,最忌讳的就是简单粗暴。一定不能让孩子感觉到家里所有的"规"都是为他一个人"定"的。所以在制订计划的时候,一定要多跟孩子沟通,给孩子更多的选择权、参与感和仪式感。制定规则的时候,要尽量照顾孩子的情绪和感受。孩子们更倾向于服从喜欢他们、尊重他们的人。充分跟孩子沟通,是解决孩子抵触情绪的好方法。

自律的要素之一就是专注力,如果孩子不懂得时间管理,他就很容易被各种事情所吸引,到最后该做的事情没有做好。

尤其是到了寒暑假、小长假,孩子就彻底放飞自我,毫无学习计划,时间观念会越来越差。规划能力无法得到锻炼,更别说在短时间内集中注意力去补上落后的学业,进入高效学习状态了。一个没有时间观念的孩子,真的很难养成自律的习惯。美国的一项研究表明:孩子的时间管理能力直接影响学习成绩和效率。

**专家支招**

自律的孩子很优秀,令多少家长羡慕不已。其实,孩子的自律并不是天生形成的,而是需要后天培养。在这个过程中,父母的引导对孩子来说非常重要。那么怎样帮孩子养成自律习惯呢?

首先让孩子明确学习目的。

有了明确的学习目的,才有学习的动力。很多孩子因为缺少明确的学习目的,平时学习浑浑噩噩。"学霸"们之所以学习好,是因为他们的学习是持之以恒的。不管有没有考试,他们都会很认真学习。当临近考试的时候,他们会更加努力。对于他们而言,学习的目的并不是考试,考试只是检验自己学习成果的一种手段而已。

其次帮孩子养成管理时间的习惯。

制订学习计划表非常重要,它可以帮助孩子形成规律的作息,清晰合理地管理时间、行为,提升效率。

放纵的孩子不会知道,"学霸"靠的不是智商而是自律。几乎所有"学霸"都有时间管理能力,他们每天早起晚睡,同龄人在睡懒觉、打游戏、吃喝玩乐的时候,他们却在查缺补漏、复习巩固、自学预习、读课外书、锻炼身体。

在询问双双考上清华大学的"学霸双胞胎"成功的秘诀时,她们说:"我们成功的关键,就在于寒暑假。"每个假期,她们认真制订学习计划,严格按照计划执行。

再次,帮助孩子树立规则意识。

凡事设立一个合理的规则,是培养规则意识的重要开端。想要孩子自律,要教孩子学会遵守规则。现在的孩子要什么父母就给什么,如果都满足,他们会变得无法自控,所以平时在生活细节上就要有意识地培养孩子自律的美德。

孩子的自律,根源在于父母。

一个懂得自律的父母,才能养出一个真正自觉的孩子。天天沉迷于麻将,或者回家就拿着手机玩游戏的父母,不要怪孩子学习不努力,因为你自己混乱的生活无法给孩子足够的关注,更不能成为孩子效仿的榜样。

要记住:自律的父母,孩子都不会差。在这条路上,彼此守望,一起成长,越来越优秀。教会孩子自律,才是真正的富养。自律让孩子有权选择自己的梦想,更有能力主宰自己的人生。

# 培养孩子健康的心理

孩子是国家的希望和未来。在希望学生成为栋梁之材的家长及老师眼里，孩子聪明能干及学习成绩优秀就是大家所梦寐以求的。然而，随着社会环境的复杂化，随着学习环境和家庭生活中压力不断增大，孩子们正面临着一种怪病——心理疾病，这一顽疾正悄悄侵蚀着他们的心灵和精神，甚至会导致终身遗憾。因此，纾解孩子们的精神负担和心理压力是广大教师和家长共同承担的责任。这是一个刻不容缓的问题，也是关系国家未来的一个重要问题。

**案例再现**

婷婷是一名六年级女生，平时性格比较内向，不爱笑，在班里也不怎么和同学来往，偶尔完不成作业，成绩中等。但是她在班里从不惹是生非，所以平时真的很难注意到她。

问题是从疫情期间上网课开始的。有一段时间，我发现婷婷有好几次不上直播课，课下也经常看不到她交作业。我主动联系了她的妈妈，她妈妈很震惊，说一直以为孩子拿着手机每天按时上课和提交作业，而且在家也比较安静，还经常帮着照顾妹妹。家长也表示以后会多关注孩子学习。可是过了一段时间，婷婷的情况不但没改变，反而更加严重了，直播课基本就不上了，我很担心，就去她家家访，了解情况。

通过家访，我发现婷婷一家老小三代挤在很小的房子里生活，奶奶生病多年，爸爸是公交车司机，早出晚归，妈妈是服装厂工人，经常加班到半夜，家里还有个不到三岁的妹妹。她的父母除了工作，仅有的一点儿时间不是照顾老人就是关注了妹妹，经常忽略对婷婷的关注。婷婷稍有情绪，父母就用"不懂事"压她，爸爸甚至因为她的"不懂事"几次大打出手。所以，当拿到手机上网课时，网络打开了她的"新世界"。她把自己关在屋里造成上网课的假象，实则打游戏、聊QQ、浏览与学习无关的网页,久而久之,造成了严重网瘾。而这一切,她父母从来都没有发现。

**案例解读**

父母是孩子的第一任老师,而家庭则是孩子出生后的第一所学校。家庭环境的好坏、父母对待孩子的态度对孩子后天性格的形成和健康心理的建立起着至关重要的作用。造成婷婷现状的根源,表面看貌似是手机和网课惹的祸,实际上责任全在她的父母和家庭。

婷婷再"懂事",她也只是个十二岁的孩子,她有喜怒哀乐情绪的表达,她需要温馨的家庭,需要父母嘘寒问暖,需要平等对待,需要诉说心事,需要正确的不良情绪疏导……总之,精神的需要远大于物质。长期被忽略和受到简单粗暴的对待,这样的孩子还愿意表达自己的情绪吗?还敢表达吗?总想靠"批评和打骂"解决问题,孩子被"屈打成招",逐渐内心越来越封闭,还容易引发抑郁压抑等问题。至此我明白了为什么婷婷脸上很难看到笑容。

站在教师的角度分析孩子们心理方面的一系列问题,既要有科学根据,又要与实际教育相结合,去规范儿童正确的言行举止。而作为孩子家长,在生活当中给予孩子更多关爱的同时,还应该理性地理解孩子们的心理,体会他们的苦和乐,跟他们站在一起,做他们的朋友,努力支持他们的选择,做他们坚强的后盾。当然,也需要科学的、理性的方法和技巧来教育孩子。因为,父母和老师一样,给予孩子们的爱应该是严爱而不是溺爱,是客观公正而不是不分青红皂白。

**专家支招**

孩子们在成长中要有一个健康的心理,必须源源不断输送给他们心理营养,即:肯定、自由、情感、宽容、梦想。

1.对孩子应给予肯定的营养。

孩子们在学习和生活当中会有不同的经历和感受,应教会他们怎样体会成功感?怎样把成功作为起点向更高的目标冲刺?这是不容忽视的心理问题,也是引导孩子们不断产生渴求知识和能量的源泉的问题。让他们在体会成功的快乐时,找准自己的起点和目标,产生学习积极性,树立战胜困难与挫折的自信心,这更需要给予他们肯定的心理营养。

2.对孩子应给予自由的营养。

在孩子们的学习和生活中,成人应尊重他们对时间和空间的选择,让他们自由支配属于自己的时间和空间。大人只需要从安全的角度提醒孩子们应注意的事项就行。让他们自由玩耍,自由生活,自由学习,激发他们的创造力和想象力。

3.对孩子应给予充分的情感教育与情感体验。

一个和谐的家庭需要有和谐的家人、和谐的人情气氛,这是产生爱的源泉。子女对父母的敬爱之情,父母对子女的呵护之情,老师对学生的关爱之情,都应该让孩子从小感受,让他们感受到人与人之间的真善美,感受生活的无限美好。并将这种美好感情转化为对父母、朋友、社会的回报与感恩,这样孩子们将来才会对社会有用。

4.对孩子应给予一颗宽容的心。

孩子的天性是玩乐,也容易犯错误,成人应该用宽广的心胸来面对他们的过错,循循善诱地进行点拨,引导他们树立正确的世界观和人生观,激发他们的进取心,建立目标意识,激发理想志向,把注意力转到学习中来。犯过错误的孩子往往怀有自卑心理,成人应帮助他们建立自信心,克服自卑心理,调整好心理状态。

5.对孩子应给予一颗放飞梦想的心。

让孩子产生梦想的过程,就是成人应做好孩子心理健康教育的过程。拥有梦想的孩子就拥有求知的力量。首先让孩子多读名人传记,利用这些例子激发孩子的志向,树立战胜困难和挫折的信心与决心。其次,让孩子学会在生活中感受不同人物的思想和志向,树立榜样,这些都需要成人给予帮助和支持。这样他们的梦想就会越飞越高,人生道路越走越宽。

## 培养孩子良好的性格

**案例再现**

王晓雨现在是一个文静的女孩,上课认真听讲,学习踏实,是一个让老师喜欢的学生。可是在刚开始接触她的时候,她的表现却让我这个班主任头疼。那时候的她不爱说话,是一个很内向的孩子,问她问题她不理你,问的次数多了就哭,哭起来就哄不好,平常也不爱和同学们交流,都是自己玩或者和她的同桌玩,上课也从来不举手回答问题。

有一次下课后,有学生跑到办公室告诉我,王晓雨和她同桌吵架了,正趴在桌子上哭呢。我去教室一看,旁边围了一圈学生,她的同桌也正嘟着嘴生气。我把她的同桌叫到一边,问了事情的原委。原来两个人因为一点儿小事闹了矛盾,其实两个人都没有错,只是因为王晓雨的内向性格让她觉得自己受委屈了。我把王晓雨叫到办公室,问清了事情的来龙去脉,给她讲了同学之间应如何相处,耐心开导她,让她和同桌握手言和。

**案例解读**

这件事虽然看起来是孩子之间发生的小矛盾,可是对一个内向的孩子来说,这件事情如果处理不好,将来可能会在她的心中留下阴影,让她对与人相处、与人交流产生障碍。

造成孩子内向性格的主要因素往往是家庭。王晓雨的父母工作忙,还有老人住院需要照顾,因而与孩子缺乏沟通,认为让孩子吃好、穿好、把孩子送到学校就尽到责任了。其实不然,孩子的家庭教育往往比学校教育更为重要,家庭教育和学校教育相辅相成,缺一不可。要解决这个问题,不仅需要老师走进孩子的内心,更需要家长从多个角度来分析孩子的行为,了解孩子的心理,并用切实可行的方法来帮助孩子、教育孩子,使孩子健康、快乐地长大、成才。

## 第三章 "家校共育 与爱同行"课程

**专家支招**

一、沟通方式要改变。

面对这样的孩子,我们首先要跟孩子进行耐心的交流,然后平心静气地跟家长沟通交流。希望家长要多和自己的孩子沟通交流,多了解孩子心里的想法,而不是一味地只让孩子吃好、喝好。要让孩子感受到家长的爱,家长要帮助孩子树立自信心,做孩子成长的强有力后盾。

二、多鼓励少批评。

在学校,我让班里性格开朗的同学多和王晓雨接触,让她感受到班里同学之间的关爱,感受到老师对她的关爱,让她内心感受到温暖。人在本性中有获得肯定与赞美的需要,如果一个人能够感到自己是被别人赏识的,自己是被别人重视的,自己对别人来说是重要的,那她就会自然地产生愉悦的感觉,她的行动就会更加积极,做起事情来就会充满自信。成人如此,孩子也不例外。王晓雨因为年龄小,心智发展还不成熟,往往倾向于从别人对自己的评价,尤其是父母和老师对自己的评价来了解自己。你如果经常夸她是好样的,经常表扬她有了进步,她心里就会充满自豪和自信,觉得自己的确很优秀,的确与众不同;相反,如果孩子平时很难听到父母夸奖,听到的净是些埋怨、挑剔、责备、训斥甚至挖苦,一个小小的过错就被家长紧抓着不放,没完没了地批评,她就会觉得自己做人很失败,生活中充满挫折。久而久之,她就会对自己的能力产生怀疑,进而失去学习和生活的自信。因此,家长在生活中应当对孩子多一些鼓励少一些指责,当孩子表现得很优异或孩子在某一方面有进步时,千万不要吝惜自己的表扬和赞美之词,不要觉得会把孩子给"夸坏了",好孩子往往都是夸出来的;当孩子遭遇失败或孩子行为有过失时,也不要全盘否定,把他说得一无是处,更不能盛怒之下对孩子拳脚相加,这种做法不但于事无补,而且会伤害孩子的自尊和自信。

三、父母多陪伴,让孩子重新获得自信和力量。

我们常说:陪伴是最长情的告白。父母适宜的陪伴会让孩子感受到爱的温暖和爱的力量，在父母耐心陪伴下和鼓励下长大的孩子内心充满阳光，充满自信，充满力量。而缺少父母陪伴的孩子，会有一种被忽视的感觉，内心会产生自卑感和挫败感，在人前抬不起头，总感觉不被重视。让家长知道前半生如果不好好教育陪伴孩子，后半生就将为孩子的未来操心担忧。教育孩子是家长义不容辞的责任，不能因为生计而忽略对孩子的教育。

## 驱除厌学阴霾

每个家长都希望自己的孩子健康成长，拥有快乐幸福的人生；每个老师都希望自己的学生品学兼优，成为国家的栋梁之材；每个孩子都希望自己各方面表现优秀，成为家长、老师的骄傲和同学的榜样。但在他们的成长过程中，往往会出现各种问题。

**案例再现**

**案例一**

小宁的父母经营着一家小餐馆，因忙于工作，对孩子疏于管教，对小宁的学习更是不够关心。平时小宁由奶奶照看，奶奶没有文化，在小宁的学习上无能为力。小宁的成绩在班里一直处于中等水平，但从五年级下学期开始，因为疫情上网课，成绩明显下滑。六年级开学以来，老师多次向家长反映小宁课堂上注意力不集中，甚至上课打瞌睡，不认真及时完成作业。父母多次提醒，但效果并不明显，对此束手无策。

**案例二**

小文是一名六年级女生，成绩中等偏下。小文上小学一年级的时候，就有不去上学而在家看动画片的现象，但家人并没有重视，觉得这不是什么大事。后来见小文经常不愿去学校，家人便采用说教、打骂等手段，甚至不顾小文的哭闹强行送其上学。到现在，家人想要小文上学，就一定要满足其物质要求，如买零食、玩具等。但事实上,即使满足了小文的要求,小文依然经常以头痛、肚子痛为由不去上学,一家人都拿小文没有办法。

**案例解读**

学生厌学是教师和家长经常遇到的一个现象,具体表现为:对学习无兴趣;上课注意力分散,不认真听讲;思维缓慢、情绪消极;作业拖拉马虎、敷衍了事;学习效率低下;考试及作业错误率高;学习不主动等。小宁和小文的种种表现就属于厌学现象。学生长时间厌学,会把学习当成一个沉重负担,从而造成很严重的后果,也会使家长非常苦恼。产生厌学的原因大概有以下几种:

(一)自身原因。

1.没有养成良好的学习习惯。学习中经常遇到挫折,如考试失利、排名落后、努力难以取得好成绩,从而感到自己不是学习的材料,久而久之,对学习失去兴趣,失去信心,产生厌倦心理。

2.目标不明确。没有目标就没有动力,不知道为什么而学、学习到底有什么用,没有明确的目标指引,也是产生厌学的重要原因。

(二)家庭原因。

1.家长对孩子要求太高或放任不管。小宁的父母属于后者。家长是孩子的第一任老师,孩子良好学习习惯的养成与家长是密不可分的,孩子产生厌学心理家长有不可推卸的责任。故事中小宁的家长因为工作等原因对孩子学习不够重视,没有为孩子的学习营造一个良好的家庭氛围,使孩子缺少学习的兴趣。

2.太纵容、溺爱孩子。小文的家人就是如此。俗语说"惯子如杀子",这句话是永恒不变的真理。溺爱孩子,会使孩子诸多能力都得不到发展,在学习、生活中会遇到很多问题、障碍,容易受挫,于是孩子就不喜欢学习,最后厌学,甚至辍学。

(三)学校原因。

由于老师希望看到学生好的一面,对于学生出现的失误总感到失望。特别是小宁这样多次劝说教导也没有明显转变的学生,教师不会正面鼓励与表扬,往往还会对其态度严厉,语言尖锐。这些都会使孩子产生挫败感,更加失去学习的兴趣和动力。

**专家支招**

(一)多一点儿耐心,站在孩子的角度考虑问题。

研究表明,家长的表扬跟孩子学业上的成就及积极性格的形成有着密切联系。对孩子每一次进步,哪怕是微不足道的进步,也应给予肯定和表扬,这会使孩子深受鼓舞,当然要注意表扬的尺度。

孩子考得不好时,不要不问原因就批评、指责,重要的是帮助孩子总结经验教训,与孩子一起分析出现这种错误的原因。这时家长更应该主动体贴、宽慰孩子,帮助孩子及时克服心理上的挫折,让孩子感受到家长的爱和鼓励,这将会增强孩子的学习自信心。

(二)培养孩子良好的学习和生活习惯。

家长要不断帮助孩子提高对学习的认识水平,让孩子认识到学习是自身的需要,不是为了家长和老师而学。随着认识的逐步提高,将有助于稳定孩子的学习情绪,对培养孩子良好的学习习惯有着极大的促进作用。好习惯只有从每一件小事、从点滴抓起才能成功。如做作业书写潦草,家长要及时指出并让孩子改正。

(三)和孩子交心,做孩子的朋友。

当孩子出现厌学情绪的时候,家长可以通过倾听和交谈的方式,了解孩子的想法,并用探讨的方式告诉孩子学习的重要性。让孩子的厌学情绪发生转变,家长的诚恳态度是一个重要因素。

(四)合理安排时间,和孩子一起学习。

家长的身教很重要。家长没有求知欲望也是导致孩子出现厌学情绪的一个原因。这个时候,家长可以尝试与孩子一起学习并且互相监督检查,可以有效地帮助孩子改掉厌学的毛病。

总之，正确的家庭教育在每一个孩子的成长过程中非常重要。家长要根据自己孩子身心发展的特点，不仅要掌握科学的教育方法，更重要的是要在孩子身上多投入一些耐心、关心和爱心，努力为孩子提供良好的学习环境，避免孩子出现厌学现象。

# 第四章 家校共育课程教案

# 第一节 培养孩子良好的学习习惯

**一、教材分析**

一年级学习的内容相对简单,挑战性小,学习成绩差异不会太大,有些孩子做题失分是不良的学习习惯导致的,但随着年龄的增长,学习习惯对学习成绩的影响会越来越大。养成良好的学习习惯,有利于激发学生学习的积极性和主动性;有利于形成学习策略,提高学习效率;有利于培养自主学习的能力;有利于培养学生的创新精神和创造能力,使学生终身受益。

**二、教学目的**

通过教学,使家长认识到,学习习惯在孩子学习、生活中的重要意义和作用。和家长探讨培养孩子良好学习习惯的有效方法。

**三、教学重点、难点**

家长怎样以身示范有利于孩子的学习。

**四、教学思路**

在小学低年级时,培养孩子良好的学习习惯尤为重要,家长要抓住这个关键期,培养孩子良好的学习习惯。

**教学过程**

(一)讨论下面两点体会。

1.家长要注意培养孩子哪方面的习惯?

做人的习惯、做事的习惯、学习的习惯、交往的习惯。

2.讨论低年级小学生学习行为习惯的培养？

一个人从小养成的行为习惯,对其今后的生活会有长期的影响,甚至会影响一生。对于低年级小学生来说,一入学就应该培养他们养成良好的学习行为习惯。

(1)读书习惯;

(2)写字习惯;

(3)坐姿。

(二)家长互动交流。

案例分析讨论:

1.提出问题,家长交流:您孩子有哪些不良的习惯呢?

教师小结:家长提出最多的就是"孩子做事磨蹭""做事无法集中注意力"。

2.总结分析"磨蹭"的成因和相应对策。

孩子学习、生活磨蹭有几种情况:

(1)学习兴趣低落,硬着头皮应付,疲沓无奈,能拖就拖,缺乏自信,不负责任;

(2)属于"慢性子",行动迟缓,慢条斯理,紧张不起来,任你着急催促,依然故我;

(3)缺乏时间观念、效率观念,不知道时间对人生的重要意义。

3.专家支招:家长有哪些方法可以培养孩子良好的学习习惯呢?

(1)帮助孩子树立时间观念;

(2)让磨蹭付出"代价";

(3)增加计时性活动;

(4)改善评价角度,少说"慢";

(5)利用"速度测定法",感受"我可以快";

(6)任务适度,留有空闲。

(三)答疑解惑。

针对家长对本讲的理解，看一看还有哪些解决不了的实际问题和困惑。教师应事先考虑到家长可能提出的问题。

家长作业：

亲子共读《低年级，塑造孩子一生的关键》，彼此交流收获。

# 第二节 促进学生与家长和谐相处

**教学目的**

1.让学生懂得孝敬父母、回报亲情，把对父母的爱付诸实际行动，在家做个好孩子。

2.从小培养尊老爱幼的优秀品质，做一个文明礼貌的学生。

3.让学生懂得和谐团结是家庭幸福的首要因素，树立正确的家庭幸福观。

**教学重点**

提高学生的礼仪意识，促进学生与家长和谐相处。

**教学难点**

促进学生与家长和谐相处。

课前准备：课件。

**教学过程**

一、情境导入

1.渲染学生情感。

播放歌曲《找爸爸》和《世上只有妈妈好》。

2.引发思考，组织交流。

老师:听了这两首歌曲,相信大家一定会想到很多,谁能把自己想到的和大家一起分享呢?

学生发言。

老师:父母给了我们生命,哺育我们成长,是我们生活中的第一任老师,我们应该用感恩之心对待父母、孝敬父母。可是,我发现,有些同学的家里总会有不和谐的音符出现。

老师:看到这些情景,你又想说些什么?

3.情感共鸣,导入新课。

老师:那么,大家希望拥有一个怎样的家庭氛围呢?

我们共同来创建一个文明、快乐、和谐的家庭。

二、新课学习

(一)家庭和睦与国家安定

1.引导学生发现身边亮点。

老师:中国是一个有着五千年悠久历史的文明古国,有"礼仪之邦"的美称,世世代代传承下来的文明礼仪是我们的骄傲和财富。

共创和谐家庭,就要懂得家庭礼仪。现在,在我们身边,就有许多在家庭中懂得礼仪的好孩子。

下面,我想请大家说一说发生在我们身边的小故事,说一说那些懂礼仪的好孩子在家庭中是怎么做的?

2.组织学生讨论家庭和睦与国家安定有什么关系?

3.教师小结:家庭是社会的细胞,只有家庭和睦,社会才会和谐,想要治理好国家,先要管理好家庭。

(二)中国古代的家庭观

老师:《三字经》中有这样的概括:父子恩,夫妇从。兄则友,弟则恭。

1.理解这句话的意思。

2.学习《三字经》。

3.结合《三字经》中的故事,联系实际,讲述礼仪知识。

4.学生分小组讨论。

5.全班共同交流。

6.教师小结。

(三)中国现代的家庭观

1.学生交流讨论:什么样的家庭才是幸福美满的?

2.学生讲述。

3.教师小结:家庭温暖、夫妻恩爱、家人和睦是家庭幸福的主要因素。

4.说一说与家人在一起精彩、幸福的瞬间。

5.联系实际谈一谈为了家庭和睦,我们应该做到哪些?

6.教师小结。

三、总结激励

在这节课中,大家交流了许多共创和谐家庭的知识,这多么令人欣喜!

相信我们从现在做起,从自身做起,从一点一滴做起,共同努力,让我们与父母和谐相处,相亲相爱,那么我们的家庭一定会时时刻刻充满阳光。

# 第三节 教孩子学会跟老师沟通

一、教材分析

下午放学,丽丽耷拉着脑袋回到家后,把书包往沙发上一扔,气呼呼地说:"学什么没用的数学!我才不喜欢学数学呢。"

妈妈问:"怎么了?"

丽丽就把下午上课的事跟妈妈说了。

原来,数学课上,王帅揪丽丽的头发,丽丽回头打了他一下,老师就当着全班同学的面狠狠批评了丽丽。

妈妈听完,转身进入厨房,自言自语地说:"现在的孩子太任性了,情绪说变就变,昨天还兴高采烈地说喜欢上数学课,今天就脸上挂满乌云,说上数学课没用。反正只要不影响数学成绩,就没什么事。小孩子,总是风一阵雨一阵的。"

丽丽原以为妈妈会安慰她,没想到妈妈竟然不理睬,她心里越想越气:老师冤枉我,同学们笑话我,妈妈也不理解我,我怎么这么倒霉呀!妈妈的眼里只有好成绩,一点儿也不关心我在学校遇到了多大的事、受了多少委屈,我感觉她一点儿也不爱我,只爱分数。数学老师也是太让我生气了,明明是王帅先揪我的头发,我才回头打他的,可是老师反倒把我批评了一顿。哼,从今天开始我才不学数学了呢!

第二天数学课上,老师在讲一个新的题型时,丽丽却在下面画漫画……

每一个学生都希望得到老师的关心、理解和爱护。无数事实证明,良好的师生关系是孩子积极进取的精神动力。但在现实中,师生关系不和谐现象却屡见不鲜。

**二、教学目的**

通过教学,师生之间可以增进感情,拉近距离,从而有利于学生健康成长。学会和老师沟通,老师会更了解你,从而针对你的情况提出合理的建议和指导性意见。学会与老师沟通,会让自己不断增长智慧和能力。

**三、教学重点、难点**

正确理解老师的严格管教,主动积极地和老师交流。

**四、教学思路**

由案例故事融合起来处理,由发生在身边的实例切入。

**五、教学过程**

(一)导入

各位家长,您的孩子是否也像文中的丽丽一样遇到过类似的事情?丽丽的妈妈由于把注意力更多地放在学习成绩上,忽视了孩子的情绪变化和情感需要,孩子心结难解,间接导致了孩子采用在课堂上画画这样一种极端情绪化的手段,发泄对数学老师的不满。我们都不由地为丽丽捏了把汗,不知道她是否还在数学课堂上开小差不听讲?不知道这样下去她的数学成绩会受到多大的影响?为此,今天我们以不会与人沟通造成的危害为例,教育学生学会调整自己的情绪,被误会要主动与老师或他人沟通,避免产生不好的影响。

目前师生家长在沟通方面存在的问题:

学生方面

1.不能正确地理解老师的严格管教。

2.不能主动积极地和老师交流。

家长方面

1.父母对老师的态度会直接影响孩子与老师的关系。

2.不会跟老师正确地沟通。

3.认知错误:家长认为教育孩子主要是老师的责任。

老师方面

1."师道尊严"传统观念的影响。

2.教学成绩的重压、单一评价方式的影响。

3.部分老师的自我成长方式意愿薄弱。

(二)家长互动交流

回忆自己孩子在以上方面的表现,结合实际谈一谈对此问题的看法。

1.如果你的孩子也有类似丽丽的遭遇,请谈一谈具体表现。

2.如果你的孩子被老师误会,你当时是怎样对待孩子的?

针对家长发言,概括总结。

(三)专家支招

家长有哪些方法可以引导孩子与老师沟通呢?

1.理性地面对孩子对老师的抱怨,不要偏听偏信。

2.接纳和倾听老师的"告状"。

3.和孩子积极地面对老师反映的问题。

4.经常与老师沟通。

(四)答疑解惑

针对家长对本讲的理解,看一看还有哪些解决不了的实际问题和困惑。教师应事先考虑到家长可能提出的问题。

(五)家长作业

亲子共读《老师我对你说》,彼此交流收获。

父母认真阅读《妈妈,请你耐心一点好吗?》,反思自己是否存在类似的问题。

# 第四节 引导孩子的学习动机

**教学目标**

《全国家庭教育指导大纲》中指出:帮助儿童养成良好的学习习惯和学习兴趣,指导家长以身作则、言传身教,创设安静的环境,引导儿童专心学习,养成良好的学习习惯;注意培养儿童的学习兴趣;正确对待儿童的学习成绩。

根据《大纲》要求,本课设计的目标为:

1.让家长了解孩子缺乏学习自觉性的原因。

2.认识在指导孩子学习时容易走入哪些误区。

3.指导家长如何引导孩子主动学习。

**教材分析**

《培养孩子的学习自觉性》(选自《父母课堂》),这篇文章以一位三年级学生王言的在家学习情况作为案例,讲述了培养孩子学习自觉性的重要性。案例中的学生王言,学习自觉性特别差,每天放学回家后不是先写作业,而是先看电视,需要父母不断催促才做。做作业的速度也特别慢,特别拖拉,学习效率极差,父母为此感到很头疼。本文向我们介绍了一些培养学生自觉学习的方法。

**教学过程**

一、案例分析,引入话题。

老师:各位家长,今天还是想跟大家一起继续探讨关于孩子学习的问题。我们先来看一则案例:请翻开《父母课堂》第26页这篇文章中的一个案例。看到这,在座的部分家长是否看到了自己孩子的缩影?(家长发言)

老师:看来我们的部分孩子也存在类似王言的问题。"为什么有些孩子学习拖拉、效率低、学习成绩差?"(家长自由发言)

二、引出主题:缺乏学习自觉性。

老师:是的,有些学生出现这种情况,归根结底就是因为缺乏学习自觉性。

三、缺乏学习自觉性的原因。

老师:那为什么孩子学习会缺乏学习自觉性?你们觉得原因是什么?缺乏自觉性的原因有:1.学习很枯燥;2.孩子贪玩;3.有较强的依赖性;4.出现逆反心理;5.学习缺乏动力,等等。孩子之所以出现以上情况,归根到底是因为家长教育方式不当。

四、互动－小调查。

老师:下面请大家先跟我做以下互动:

1.对孩子的家庭作业,您要检查并进行帮助吗?

A.不

B.有时

C.经常

2.您对孩子说:"考试成绩排前十名,奖你个玩具车。"

A.不

B.有时

C.经常

3.您注意督促孩子的学习吗?

A.不

B.有时

C.经常

4.在和孩子的交流中,您和孩子谈到最多的是学习问题吗?

A.不

B.有时

C.经常

五、家长在指导孩子学习时容易走入的误区。

老师:根据你们选择的结果,不难看出我们在引导孩子学习时容易走进一些教育误区。

1.包办代替

家长帮孩子抓好学习,这是正常的事,每位有责任心的父母都会这样做。可是有些家长包办得太多了,一直在陪读。孩子有题不会做,家长帮忙,做作业着急的不是孩子而是家长;连要做什么作业孩子都不愿意去记,而是让家长告诉他们;作业没带回家,家长帮忙回学校拿等。正是因为家长的包办,让孩子变得依赖,变得不负责,变得失去了动力,孩子学习越来越不主动,家长只好帮得越来越多,帮孩子问作业,陪孩子做作业,帮孩子检查,还要为孩子收拾书包……就这样,学习变成了父母的事情。

2.监督挑错

有些家长对孩子不信任,孩子做作业家长不放心,怕孩子边学边玩儿,或者家长追求完美,怕孩子写字不好看,作业不工整不正确。于是,每当孩子做作业,家长就陪在孩子身边:"这个字不好看,擦掉重写;这个单位写错了,重来;这个结果计算得不对,重算;你看你,怎么这么粗心呢,认真点好不好……"孩子的作业在挑剔和指责中擦了写,写了擦。家长的态度让孩子做起作业来很紧张,生怕出错,可是越紧张越容易出错,家长越挑剔,孩子的错就越多,家长的态度会越差,于是形成了恶性循环。这样的环境下,孩子怎么还有兴趣认真写作业呢?孩子怎么会对写作业没有恐惧感?

3.关注过度

有些家长觉得孩子写作业很辛苦,一会儿进来看看孩子还有多少没有写,一会儿告诉孩子先休息一下,一会儿送来一杯果汁,一会儿送来一个苹果……家长过多的关注,会打断孩子思路,影响孩子的注意力,孩子的学习情绪。时常这样,会让孩子觉得做起作业来很烦,同时会让孩子觉得:原来写作业是这么辛苦呀,要不然妈妈怎么会这么关心我呀……家长的过度关心给了孩子一种错觉:学习是一种痛苦。谁会喜欢做让人痛苦的事情呀!于是,孩子慢慢开始不再喜欢学习,需要妈妈督促才不情愿地去学习。孩子学习的主动性、责任心和兴趣被妈妈的关心抵挡了。

4.放手不管

还有一类家长,对孩子的学习完全放手不管。有些家庭,父母上班忙,一直都是爷爷奶奶或外公外婆带,学习也是老人们辅导,平时比较溺爱。从入学起,孩子的学习习惯和学习态度都不好,老人们辅导不了,只能哄着写作业。孩子的学习成绩一直不好,每次考前都要加课补习。家长不在身边,孩子对学习有困惑或有情绪时,家长不能及时给予孩子疏导,造成孩子学习兴趣降低,长此以往,孩子便失去了主动学习的兴趣。

老师:以上是家长最容易走入的误区,你犯了哪一条呢?(家长发言)

六、如何引导孩子主动学习。

老师:那么我们怎样做才能走出这些误区,正确引导孩子学习呢?首先,我们来了解一下,什么叫自觉性?

自觉性就是不用大人吩咐,不用大人要求,就能主动而且出色地完成学习任务。孩子的学习自觉性主要表现在能否按时完成作业、自觉复习功课、自己准备学习用具等。许多孩子并不能做到这些,他们总也玩儿不够,完全没有自觉性。

　　孩子的自觉性是一种主观能力,它在一定程度上与早期训练有关。但是,有些父母没有重视孩子早期的训练,等到学习上需要孩子尽快完成作业、管住自己的行动时,他们就会出现散漫和拖沓的现象。所以,孩子的自觉性并不是天生就有的,需要后天逐步培养。所以,父母从小就要有意识地培养孩子的学习自觉性。

　　(1)培养孩子的学习兴趣和学习动机。

　　老师:下面,我们来看一个案例。

　　案例1:"妈妈你看,这道题我做出来了,我用了十多分钟时间呢。"妈妈拿过本子来看了看说:"这么简单的题用了十分钟才做出来,你还高兴呀,真是笨。"

　　老师:如果家长这样说,孩子会怎样?(家长发言)

　　老师:相反,如果妈妈说:"你真棒,这么难的题,你都能做出来,妈妈知道你一定很努力地去做了。妈妈真为你高兴,和你一样快乐。"孩子听了这样的话,下次一定还愿意去努力,一定还能体会到成功的快乐,也愿意和妈妈分享成功的快乐。

　　老师:你是哪种父母?(家长自由发言)

　　老师:下面我们再来看第二个案例。

　　案例2:雯儿上了小学对数学不感兴趣,特别是几次考试成绩不理想后,就越发不愿意学习数学了。雯儿的妈妈是位很有智慧的母亲,为了让雯儿体会到数学的魅力,她特意在家里开了一个"家庭超市"。每天晚饭后,他们全家就聚在一起玩儿这个游戏,雯儿担任店长,爸爸、妈妈、爷爷、奶奶当顾客。一开始,他们玩儿得比较简单,比如,雯儿说自己的货物卖两元,"顾客"就给她五元或者十元让她找钱。后来,随着雯儿的计算能力不断提高,游戏中便增加了小数点的计算。于是,雯儿的计算能力不断提高。再加上妈妈在辅导时做到了融会贯通,使得雯儿学习数学的兴趣越来越浓厚了。

　　老师:你觉得这位家长的做法怎么样?(家长发言)

老师：以上两个案例告诉我们，想要让孩子有学习的自觉性，首先要让其认识并体验到学习的快乐，学起来才有兴趣。所以我们要培养孩子的学习(兴趣)和学习(动机)。

(2)培养孩子的学习能力。

老师：有了较强的学习兴趣后，我们就要培养孩子的学习能力。对于孩子来说，最基本的学习能力就是听、说、读、写、计算、思考等。这些能力在人的学习过程中是不断发展的，而且在不同的阶段具有不同的特点。现在一些家庭，由于家人对孩子的关注、照顾、保护过多，孩子没有机会处理自己的事情。有的孩子十几岁了还没有洗过自己的衣服，更没有做过饭，对学习以外的东西一窍不通，更别提学习能力了。殊不知，孩子的运动能力、动手能力和协调性都与学习能力有很大关系。如果孩子很笨、很懒，在学习上也会遇到很多挫折，他们就会对学习失去兴趣，当然不可能自觉地去学习。

老师：那我们应该如何培养孩子的学习能力？可以从以下两方面抓起。

第一，让孩子尽快完成当天作业。当孩子结束一天的学校生活回到家后，父母要监督他们尽快地把老师布置的家庭作业做好，使孩子养成回家后马上复习当天功课、完成作业的习惯。这样容易巩固已学的知识，使孩子产生一种学习有收获的喜悦心情。当孩子完成了作业后，引导他们听听音乐、学学绘画、练练书法，让他们做自己感兴趣的事。这样既能提高孩子的学习兴趣，又能让他们养成讲求效率的习惯。

第二，给孩子创造良好的学习环境。良好的学习环境不是为孩子提供多么优越的物质条件，更重要的是家庭的学习氛围、父母对孩子学习的重视程度等。良好的家庭学习氛围要靠家庭成员特别是父母来创造，父母对待学习的态度和行为是建立良好学习氛围的关键所在。父母热爱学习，把学习作为业余生活的最大爱好，把谈论学习作为家庭的重要话题，家庭自然会形成良好的学习氛围。

(3)给孩子自我管理的机会。

老师：最后，我们还要给孩子创设自我管理的机会。有的孩子知道学习的重要性，也有学习能力，但是自制力差，不能约束自己。造成此问题的原因很多：一是由于感觉统合失调，使得身体各部位不能听从大脑的指挥、协调，这需要专门的训练；二是父母对孩子管得太多，孩子生活在"他制"的环境中，无法形成自觉能力。

所以，父母要给孩子自我管理的机会，让他们自己的事情自己做，自己合理安排学习和玩耍的时间。在这个过程中，父母要给予孩子充分的信任，给他们时间，不要一开始给了孩子机会，等发现有了问题就立即限制他们，收回权力，结果只会激起孩子的逆反心理。

看完案例后，说一说自己的孩子是否存在这种情况？让家长思考为什么有些孩子学习习惯不好？

## 对家长进行问卷调查

初步发现问题。

向家长介绍一些家长容易走进的教育误区。

家长根据自身情况，发现自身在教育孩子上存在哪些问题。

家长分析案例，发表意见。

通过以上两个典型案例，让家长清楚地意识到，想要孩子自觉学习，最重要的是培养他们的学习兴趣和动机。

向家长介绍具体培养孩子学习能力可行且具有可操作性的方法。

结束语：各位家长，我们都知道，培养孩子的自学能力可使孩子终身受益，但它并非一朝一夕之事，需要父母用科学的方法、恒久的耐心长期坚持。父母应该放手让孩子自己去学习探索，教会孩子学习的方法和认真思考的习惯，使他们具备发展的基本素质，从小培养孩子独立的性格。希望我们共同努力，把孩子培养好，从家庭教育开始。

# 第五节 走进青春期

**一、教学目标**

1.通过教学让家长明白逆反心理的含义、产生逆反心理的原因及逆反的各种表现。

2.帮助家长正确认识逆反，学会正确对待孩子的逆反，帮助孩子顺利度过青春逆反期。

**二、教学重点**

家长如何对待孩子的逆反心理和行为？

**三、教学难点**

帮助家长认识在逆反问题上的几个误区。

**四、教学方法**

采访对话、系统讲授、案例分析。

**五、教学过程**

以五岁孩子和十一岁孩子的区别导入新课。

各位家长，您的孩子自升入五年级后，在思想上和行为上有哪些逆反的表现呢？（家长回答）

一、什么是逆反心理？如何认识逆反心理？

逆反心理，是指人们彼此之间为了维护自尊，而对对方的要求采取相反的态度和言行的一种心理状态。

在孩子的逆反问题上，我们要有正确的认识。

1.逆反行为不是青春期的专利。

2.逆反不等于糟糕。

二、产生逆反心理的原因。

从主观方面看：

1.由于大脑的发展，脑的机能越来越完善，思维的独立性和批判性有了很大发展，思维的广泛性也有很大进步，小学生独立意识开始增强，过分强调自我，好奇心强盛，喜欢从多视角、多角度审视事物，同时也形成了他们容易偏激和固执的性格，产生逆反心理。

2.高年级学生生理发展与心理发展的不平衡。

高年级学生虽然在生理上发生了剧烈的变化，但是心理发展并不成熟。这种不平衡性表现在：一方面，独立意识的增强，使他们过分相信自我，迫切想摆脱成人的一切束缚和对成人的依赖，开始用自己的视角审视世界，用自己的观点评价世界，不再轻信老师家长的说教，要求以成人自居，渴望老师和家长能平等和他们交换意见，讨论问题，参与社会生活；另一方面，他们的半幼稚状态，又使他们经验不足，对事物的看法不全面，对事情的处理容易偏激，固执己见，这种生理和心理的发展不同步，常使他们存在极强的逆反心理。

客观方面：

1.家庭教育方法不当。

家长对孩子的期望值过高，望子成龙、望女成凤心切，无形中造成孩子的心理负荷增大，而且许多家长不遵循孩子的心理健康发展规律，教育方法简单粗暴，结果事与愿违，使子女出现逆反心理。

2.学校教育的过失。

教师工作方法简单生硬，对品行有缺点的同学歧视、惩罚或变相惩罚，挫伤学生的自尊心，从而引起师生关系紧张，促使孩子形成逆反心理。教师言行不一，使教师在学生中威信降低，对教师的正面教育信息产生逆反心理。教师的教育内容陈旧、教学方法呆板等也容易使学生产生逆反心理。

三、五年级学生逆反心理的具体表现。

学生的逆反方式是多种多样的，有时表现得很强烈，有时则以内隐的方

式相对抗,常有以下具体表现:

1.态度强硬、举止粗暴。

有一部分学生,以一种"风暴式"的方式对抗某些外在力量。这种反抗行为发生得十分迅速,常使对方措手不及。当时的任何劝导都无济于事,但事态平息以后,这种强烈的反抗情绪也将很快消失。这种情形一般出现在性格外向、个性张扬的学生身上。

2.漠不关心,冷淡相对。

学生的另一种反抗不表现在外显的行为上,只存在于内隐的意识中。这种情况常出现于性格内向的高年级学生和初中生身上。他们不直接顶撞予以反抗的对象,而采取一种漠不关心、冷淡相对的态度,对对方的意见置若罔闻。这种反抗态度和情绪不易随具体情境的变化而转移,具有固执性。

3.反抗的迁怒。

学生反抗行为的迁怒,是指当某个人的某一方面言行引起了他们的反感时,就倾向于将这种反感及排斥迁移到这一个人的方方面面,甚至将这个人全部否定。如:某个老师某一次不小心"伤害"了某个学生,这个老师可能就被这个学生说得一无是处,甚至连这个老师教的科目都不学。

面对这些青春期孩子的逆反行为,我们家长是怎么做的呢?

(家长谈论自己的做法)

四、家长对待孩子逆反心理与行为的方法。

(一)避免两极教育误区。

家长应辩证地看待孩子的青春叛逆期。该阶段是孩子世界观形成的关键时期,其个性和创造性都恣意升腾,伺机张扬。同时,由于孩子身心发展、所受教育的局限,他们形成的诸多想法并不成熟甚至偏激,这就需要正确引导。但在现实教育中,一些家长却很容易陷入教育两极分化的误区。

误区一:全面打击。有的家长面对孩子的叛逆言行,大为恼火,觉得不把孩子的这股"邪劲"压下去,孩子就有可能变坏。于是家长要么采取不理惩罚孩子;要么表现出伤心欲绝的样子,用眼泪换取孩子的顺从。渐渐地,孩子表面上恢复到以前那个言听计从的乖孩子,实际上已关上心灵深处那扇与父母交流的大门。

误区二:放任自流。在现实中,一些家长面对难管的孩子,在几次管教而无多大起色后便失去了信心,开始对孩子放任自流。此时,无论孩子的言行、想法怎样,家长都不再过问、指导。久而久之,孩子受到不良影响,行为发生偏差,等家长发现时,已耽误了孩子的一生。

(二)下放权力给孩子。

孩子进入青春叛逆期后,格外渴望得到外界的认可和尊重,所以,家长要注意对他们下放各种权力,以帮助孩子从不谙世事向成熟过渡。

自主权:"你应该""你必须""你懂什么"等诸如此类的话是不少家长的口头禅。建议家长们面对叛逆期的孩子尽量少说这样的话,内心深处认为自己已是大人的孩子是不会接受这种命令口吻的。我们在和孩子说话时不妨用商量的口气,如"行吗""好吗""可以吗"等。

发言权:有的家长因为孩子不认真学习,经常说一些打击他们的话语,虽然是为了孩子好,但他们的耳朵已经"长茧",青春叛逆期的他们对这些话可以说是"百毒不侵"。这时,家长应少说多听,了解孩子到底在想什么。

时间支配权:这个时期的孩子渴望拥有自己的小天地,所以,家长不要自作主张,将孩子的时间按自己的意愿排得满满的,要将时间交给孩子自己去安排,对安排不合理处,家长再以商量的口吻提出建议,千万不要全盘否定孩子。

表决权:家里的一些大事,如搬家、买房之类的,不妨同孩子商量一下,征求一下孩子意见。如果他的意见合理或和大人的意见一致,就以他的意见来决策,这样可以增加他的"参政(家政)感"和责任感,从而增加孩子对家长在其他问题上的顺应性。有着民主氛围的家庭,孩子一般能主动向父母靠近。

隐私权:孩子在进入高年级后,一些家长发现,以前经常跟自己说心里话的孩子变得不太爱搭理自己了,孩子开始有了自己上锁的日记本、私人信件、QQ 空间,打电话的时候关上自己的房门,生怕家长听到他们的秘密。在这种情况下,如果孩子实在不愿同家长交流,也不必过于勉强,尤其是不要偷窥孩子的隐私,尊重孩子的同时,也是为自己赢得尊重。正如教育专家所言,没有秘密的孩子长不大。然而有很多家长不了解孩子的心理,不给孩子私人空间,总觉得孩子还需要家长不断纠正,低估了孩子在成长中有自我纠错的能力,不相信孩子能够自己通过纠错站起来,剥夺了孩子的自我体验。

(三)加强亲子沟通。

对于叛逆较明显的孩子,家长会感觉到与之不好沟通,下面我介绍几种比较实用的亲子沟通技巧。

1.多进行情感交流。

情感交流是人类的本能需求,在青春期,孩子其实有与父母沟通的强烈愿望,所以家长要适时把握,注意做到以下几点:

(1)不要因为工作忙、应酬多而忽视孩子的对话需求,家长要勤于与这一特定生理时期的孩子对话。指导他们从积极的层面上去理解父母的啰唆、老师的批评,让他们知道这些教诲都是善意的,是为了帮助他们健康成长。

(2)多陪孩子参加他们感兴趣的活动。如看足球赛、欣赏演唱会等,鼓励其多参加课外活动,在活动中展现自我价值,用知心朋友的态度与他们交流感受,潜移默化地引导孩子形成正确的待人接物观念。

(3)学会倾听。当子女向你谈他们感兴趣的话题时,要集中注意力听,不要心不在焉或不理睬,如果正在做十分紧急的事,不妨跟子女打个招呼,以便子女谅解。虽然叛逆的孩子不喜欢别人唠叨,但是他们自己喜欢向他人倾吐自己的心事。我们要平心静气地当听众,即使一开始就不同意子女的意见,也要耐心听完,充分了解他们的看法后,再以交换意见的方式提出你的想法,不要一味说教而不顾子女感受;对需要干预的事应采取适宜的形式,避免简单粗暴导致更深的隔阂。

总之,与孩子多进行情感交流,必须在时间上有所投资。很多家长常常认为自己最重要的事情就是好好赚钱养家,其实对孩子来说,最需要的是父母成为他们的知心朋友,一个可以让孩子倾吐心事的朋友。回顾你们的一生,绝不会因为曾经错过一次赚钱的机会、一笔生意而感到后悔,你们却会因为没有好好花时间和你们的孩子、你们的丈夫、你们所心爱的人建立美好的关系而感到后悔不已。"这段话或许能给我们一些启迪。

1.尊重孩子。

2.改良自己的教育方式。

3.选择恰当的教育时机。

4.不要拿自己的孩子跟人家的孩子比。

最后,送给大家几句话:

赶不上火车,可以坐下一列;赶不上飞机,可以搭下一班;赶不上轮船,可以等下一艘。

但孩子的成长中,他/她的心灵向父母开放的时间却是不可逆的。一旦错过了,你就很难再走进孩子的心里。

家长朋友们,如果我们多抽出点儿时间给孩子,多与孩子交流沟通,真正去了解青春期的孩子,你会发现,其实叛逆的他们并不像想象中的那样不可以亲近。如果我们播撒宽容的阳光,一定能荡清他们心中的阴霾;如果我们设置激励的磐石,一定能激起他们生命的浪花;如果我们撒下爱心的种子,一定能收获满园的芬芳。让我们真正走进青春期孩子的心灵,伴着他们顺利走过自己的叛逆期。

# 第五章 家校共育"金点子"分享

## 第一节 沟通陪伴教育

所谓沟通,是指教师与家长的沟通、家长与孩子的沟通。教师与家长的沟通是为了让家长学会与孩子沟通,家长与孩子之间无障碍沟通了,自然教师的工作也就好做了。学生来自不同的家庭,每个家长的文化水平、个人素质、修养各不相同,各个家长对学校教育配合程度自然存在着很大的差异性。我们每位班主任都可以感觉出来,有的能积极配合,支持班主任的工作;有的对自己的孩子放任不管;有的脾气特别,无法沟通等。加上我校生源来自城边,家长们大多数从事个体工作,他们忙于生计,别说主动和你沟通,就是你找到他们,他们也未必能配合您。

**情景再现一**

班主任:

某某同学妈妈您好!我是孩子班主任,想和您沟通一下孩子近期的学习情况,这会儿您方便吗?

同学妈妈:

老师啊,待会儿您再打电话吧,我正敷着面膜没时间。

**情景再现二**

班主任:

某某同学家长您好,近期咱家孩子的作业完成得不好,学习成绩下滑很大。

**家长：**

老师,我再给他报个辅导班吧。

**沟通的目的：**

1.让家长支持教师的工作,家长支持了,教师的工作就好干了。

2.让家长们关注孩子,他们管好了,教师的工作就好做了,孩子想不优秀都难。

**沟通情景再现：**

老师,孩子就拜托您了。

老师,你使劲给我们管着点。

老师,你多关注着我们孩子点。

言下之意往往是:我把孩子送到学校,交给老师,孩子成绩好坏,有啥问题都是老师的事了。

**一、教师与家长的沟通。**

开诚布公,也就是直接和家长说:孩子是你的,不是老师的,你关注,我们才有动力,你尊重老师,我们才会对孩子好。

**现实中的沟通**

**情景再现：**

爸爸:儿子!马上起床,迟到了我罚你!（命令和警告）

儿子:嗯,知道了。

爸爸:(生气地)起来!还不快起,等着挨打呀?

妈妈:(从外屋进来)儿子,你是吃鸡蛋还是吃油条?

儿子:(不耐烦地)天天一个样儿,随便!

爸爸:学习不怎么样,有吃的就不错了,还挑什么?（冷漠）

**情景再现：**

（儿子放学归来,妈妈迎上去取下书包）

妈妈:作业做了吗?（功利）

儿子:(少气无力地)做了。

妈妈:那好,吃饭吧。(大家吃饭)

儿子:妈妈,今天上学时……(孩子想和父母交流)

妈妈:别说话,来,多吃点菜。(否定,价值观套用,只想着吃菜的好处,不顾及孩子的心理)

爸爸:对,抓紧吃饭,吃完饭洗洗就睡觉,要不明天又起晚了。(完全不理解孩子)

**二、家长与孩子之间的沟通。**

看一看:出现了哪些沟通障碍?

家长与孩子之间的沟通方法:

1.有话用心说。

2.会听比会说更能打动人心。

3."蹲下来",听进去。

所以,陪伴时既要有慈母心肠,更要有科学头脑。家长学会了陪伴,也就是关注了孩子学习。

成功案例一

## 陪伴是最好的教育

四年级三班 张家树

说起陪伴,我感触良多。字面的意思是随同作伴。陪是从旁协助,辅佐,是非主要的,是陪衬。伴是相随是做伴。陪伴我个人理解是不计较个人得失,以主体为目标,以非主要的地位心甘情愿为之付出,与之相随。人的一生中,能担当起陪伴的有几人?也就是自己的父母、夫妻、自己的孩子、三两挚友而已。在这里犹以父母对孩子的陪伴最为无私。孟母三迁的故事中,孟母三次迁徙,就是为了给孩子创造一个好的生活学习环境,何尝不是为了心中那份对孩子无私而厚重的爱。

陪伴是我们中华民族的美德,我们陪他们小,他们伴我们老。一位心理学家曾经说过,失去父母的爱是人类感情发展的一种缺陷和不平衡。在孩子的成长过程中,比起丰富的物质生活,父母的精心陪伴、温暖贴心的爱是给孩子最好的礼物。曾经看过一篇报道,一个商人家庭,父母常年经商,在家中为女儿雇了保姆,给她提供了优渥的物质生活。只是由于工作忙,有时不在家,孩子就在这样的环境下长大,但他们每当孩子的生日必定陪伴孩子过,因此自己的生日成了孩子最期盼的日子。在孩子八岁生日的时候,父母都没时间陪伴,爸爸给孩子买了漂亮的芭比娃娃,并打电话告诉她,让她许个愿,只要她喜欢,不管什么一定满足她。当他们深夜回家的时候,在床头上是孩子歪歪扭扭写给他们的留言"爸爸妈妈,我什么也不要,只要你们能天天和我在一起"。

是啊!有时候我在想,我整天忙这忙那为了啥?我对自己说,为了生活,为了给母亲、妻子、孩子们一个更好的家。但在他们眼里,喜欢一个每天不回家、一个经常深夜醉醺醺回家的我吗?我女儿已经上大学了,人说女儿是小棉袄,可每次和女儿相对的时候,我总能感觉到那份淡淡的疏远。因此知错而后改,在儿子身上我学会了陪伴,学会了做孩子的伙伴,分享他的喜怒哀乐,陪着他共同学习,共同成长。孩子也喜欢和我分享他的小秘密,我也在潜移默化地影响着他。

父母是孩子的第一任老师,也是终生的老师。孩子是父母的复印件。因此,陪伴孩子很重要。你想要孩子成为一个什么样的人,那么我们就平时多一些陪伴,做好榜样!你想要孩子成为一个诚实有担当的人,我们就应该说话算话,敢于承担,你想要孩子成为一个有孝心的人,我们就应该孝敬自己的父母长辈。你的一言一行都会在孩子心里留下影响。说到这里,我想起了我看到的一个故事。孩子问自己的妈妈:"妈妈,为什么奶奶不和我们一起住,而住到养老院?"妈妈回答:"儿子,爸爸妈妈工作忙,没时间照顾你奶奶,再说你奶奶在养老院生活得也不错,两个人一个房间。"儿子似懂非懂地看着妈妈说:"那我长大了,工作忙的时候,一定给你在养老院里找一个你自己一个人住的房间。"妈妈看着儿子,一句话也说不出来。是啊!这就是榜样的作用。你平时多陪伴、孝敬自己的父母,把这样做看成天经地义的事,孩子也会把孝敬自己的父母、陪伴好自己的父母看

成天经地义的事,并用心做好。这是我们每个人都懂的道理,也是我们中华民族的优良传统。说到这里我就不得不说一下我的儿子,他会时不时地给妈妈洗头,给奶奶洗脚,帮家里做做家务,我看在眼里喜在心头又暗自庆幸,自己明白得不算晚,我平常只是陪自己的妈妈说说话,帮妈妈洗洗脚……做了自己应该做的分内之事,只是做了影响孩子微不足道的一点。

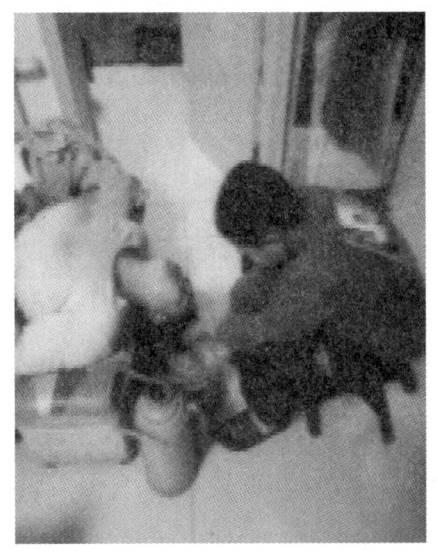

**成功案例二**

## 陪伴是最好的教育

**四年级三班 陈熙文**

我们大多都是"七〇后",我们的父母大概都是20世纪50年代左右的人,他们生活中有太多的坎坷,所以他们对孩子有时难免简单粗暴,但又寄托很多希望。20世纪50年代出生的人几乎是各种事情都赶上了,所以他们刚当父母的时候没有那个时间,也没有那个心情和孩子一起去成长,即使他们很想和孩子亲密,但也是习惯把感情藏起来,生怕把孩子给宠坏了。当我们有了自己的孩子,没有太多的压力,对待孩子的要求就是健康快乐地成长。孩子是生活的乐趣,完全是一种享受,希望给孩子一个快乐的童年,尽可能让他们的童年充满阳光,不想给他们太多的约束。回想我小时候,父母没有给予我自信,凡事总是谦虚谨慎,导致我上了大学才找到了自信。这当然和我们所处的年代和教育理念有关,也不值得抱怨。最难得的是父母给予了我吃苦耐劳的精神和为人谦和的品质,这是我一生的财富。现在有了自己的孩子,不敢奢望他有多大的出息,只希望他能有宽阔的胸怀,善良、自信,做喜欢做的事,有一群关心他的人。

天底下的父母都是一样的,他们都深爱自己的儿女;天底下的家长又都是不一样的,他们教育孩子的方式各不相同。

我教孩子注重抓基础。孩子上学后,我就要求宁可分数不是很高,也要把基础知识打牢。我的育子心经是:爱学习、会做事、有爱心。分解开来就是要热爱学习、目的明确、不能当书呆子;要善于把学到的知识运用到社会实践中,体现自己的组织能力;要有爱人之心、助人之德,要爱父母、老师、同学、亲友,不能自私自利。

孩子从小比较叛逆,我因为职业的原因,以前对孩子要求格外严格,老是强迫他。经过一段时间观察,我总结出:教孩子最好不要强迫他做这做那,孩子容易反感。一位哲人说过这样一句话:"一个吝啬赞美自己孩子的父母,一定会让孩子变得让他们无法赞美。"任何一个家长都不能贬低自己的孩子,不能一味责骂他们。毕竟孩子也有自尊心,当他们的自尊心受挫时,便会破罐子破摔,其实只要家长多给孩子一点信心、一点鼓励,或许结果会改变的,孩子会慢慢变得越来越优秀,只要你肯给他们机会!我真的很想告诉父母们:"孩子是独立的个体,父母要给孩子留一个自由的空间,让他们充分发挥自己的潜能,培养他们独立解决问题的能力,不要认为孩子很软弱,好像他们什么也不会做,也做不好,这样反而会使孩子变得更软弱无能;相反,如果放手让孩子自己做,自己做主,应该对孩子会更好。"

孩子爱提问,更不能打击他的积极性,教孩子将一些字组成词语,教他们会用字典等工具书。在学习上成为孩子的良师益友。我经常在家陪着孩子看书,适时跟他谈理想,谈学习,严慈相济。要求孩子做到的,

# 第五章 家校共育"金点子"分享

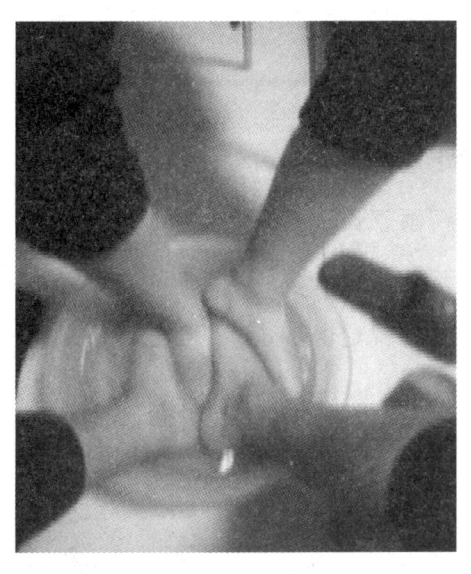

自己首先做到,努力给孩子最好的影响,让他养成好的生活习惯和学习习惯。同时要求孩子像爸爸妈妈一样爱清洁、讲卫生、爱学习。只要孩子做得好,我们总是赞美他;不好的习惯慢慢改正,逐渐形成良好的行为习惯。

现在的孩子们真是幸福,享受着许多现代文明的成果。我们既想办法为他们提供优越的环境,也不忘对孩子进行艰苦奋斗、自力更生的教育;我们会给他们各式新奇的玩具,我们也会常常给他们讲红军长征过草地吃草根树皮的故事。我们关心孩子的成长,但绝不仅看分数,当检查家庭作业发现错误时,我们会严格地指出来,但绝不会对他呵斥嘲讽;当他们与同学发生纠纷时,我们爱他们,但绝不袒护。我们在努力地塑造他们,我们希望他们自尊自爱、自强自立,做生活中的强者,不希望他们觉得自己不受重视甚至不受欢迎。

现实生活当中,兴趣更是撬开孩子灵性的一门艺术。作为父母,应该抓住孩子的关键点,更好地加以引导教育,锻炼孩子的性格,激发起孩子学习事物、认识事物的热情。

不因为自己工作忙而忽略孩子。不包办他们的任何事,无论是生活还是学习方面。鼓励并支持他们做自己感兴趣的事情,尊重他们的想法,让他们健康、快乐地成长!

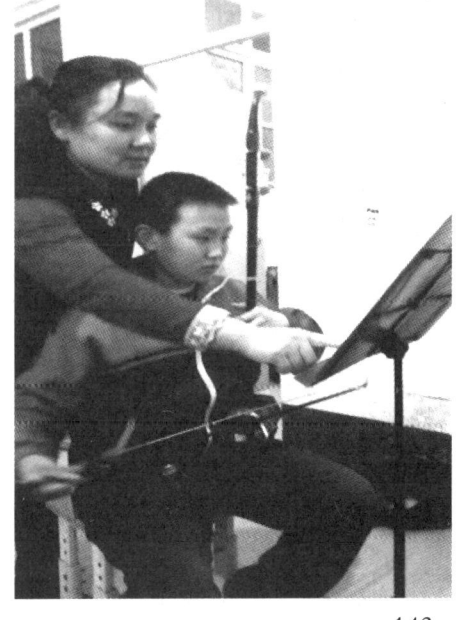

成功案例三

## 陪伴是最好的教育

四年级三班 吴桐雨家长

自从去年中央电视台开展"我的家风家训调查活动"以来,我一直在思索我们的家风家训到底是什么?反复思考之后,我觉得"忠厚传家远,诗书继世长"这句广为流传的对联可看作我们家的家风家训。

我的父母都是没有什么文化的庄户人,家庭的收入也很微薄,但对于我们三个人的教育却从未因此而放任不管。记得小时候,在那简陋的小土房子的墙壁上密密麻麻地贴满姐姐发的奖状。我们三人的每一本课本到现在仍整整齐齐地装在箱子里,完好地保存在老家的小仓库中。每到过节来客人时,父母最引以为豪的就是孩子的学习,而每年过年时家门口的对联也必定是那副"忠厚传家远,诗书继世长"。在父母看来这句话就是我们的家风家训。家中每晚饭后的时间是固定的读书时间。无论白天的活多么累,父母都会让我们读一点书,听着我们的琅琅读书声仿佛是父母最好的享受。父母对我们的教育宽松而又严厉,宽的是给我们充分的自由与活动的空间,严的是对于我们的品德修养从来都不放纵。守本分、做好人、多读书,仿佛成为父母的口头禅。而父亲最经常说的则是"忠厚传家远,诗书继世长"这句话,则早已深入我们的心中,成为自己为人处世的最基本准则。正是这句话使我立志成为一名教师,甘当一名园丁。

自己成家生女之后,对女儿的教育也不自觉地遵循着父母的教导,把"忠厚传家远,诗书继世

## 第五章 家校共育"金点子"分享

长"这句话当作家风家训。读书成为我们全家人的最爱，而忠厚、诚实则是我教育孩子做人的最基本的准则。和孩子一起读书，伴随着我们的每一天，同孩子一起讨论生命的意义，帮助孩子成长，让她养成忠厚诚信、关爱他人的良好品格是我们的不懈追求。

记得在女儿刚上幼儿园的时候，那时我们的工资还很低，同其他小朋友相比，孩子的物质条件稍微差些。看到有些小朋友去幼儿园都要带些好吃的，女儿也向我哭过吵过，但我从未对她放纵过。每次外出我不给女儿买好吃好玩儿的，但是只要有机会一定会给她买一本书。爱读书成为幼小的她的一个癖好。在阅读中我把一个个教育故事深入浅出地教给她。同时，我也把"忠厚传家远，诗书继世长"这句世俗名言告诉她，让她学会坚忍、忠诚、守信。

从电视中看到"我的家风家训调查活动"，我又一次审视"忠厚传家远，诗书继世长"这副对联，原来这就是我家的家风家训。于是，全家人一起把"忠厚传家远，诗书继世长"写下来，挂在家中最显眼的地方，作为我家的家风家训，并让它永远在我家传承下去。

沟通的力量势不可挡，想办法让沟通更精彩，让更多的家长参与进来。陪伴是最好的教育，陪伴没有早晚，趁着孩子还小，多陪陪他们，陪他们共同经历喜怒哀乐，共同学习和生活。陪伴从现在做起！

**和家长共勉：**

你可以不是天才，但是你可以成为天才的父母，但是陪伴不能缺席。

沟通＋陪伴＋教育＝天才

# 第二节 沟通 平等 赏识

学校、家庭、社会共同担负着教育学生健康成长的责任。著名教育家苏霍姆林斯基曾这样说过:"教育的效果取决于学校家庭的一致性,如果没有这种一致性,学校的教学、教育就会像纸做的房子一样倒塌下来。"而沟通就起着至关重要的作用。

作为一名年轻班主任,我从以下几点来谈一谈自己的做法。

### 1.心中有爱

一个不懂得爱孩子的人不配当老师。记得朋友圈曾经被如下一段话刷屏:"你教室里的每一个孩子,都是一个家庭的整个世界。教育者要永远保持一颗充满爱与责任的心。"低年级的孩子容易磕磕碰碰,老师要做一个有心人,孩子有了磕碰主动告知家长。你对孩子真用心了,学生也能感受到,那老师和家长的距离也就拉近了。

### 2.平等

教师和家长的地位是平等的,交流时要尊重家长,要以热情、关心、委婉、含蓄的语气和家长谈话。教师和家长必须对于各自的角色有清楚的定位,要知道,正因为我们在孩子的教育过程中扮演着不同的角色,我们才需要沟通和交流。

### 3.沟通有法

说话是一门艺术,在向家长反馈孩子表现时,多发现孩子的优点,说孩子缺点时可以说"如果孩子再……就更好了"。孩子有不足单独私聊家长,要顾及家长和孩子的自尊。再就是每次沟通,要明确沟通目的,要洞察家长想表达的意思,让家长理解老师的做法。表扬孩子的同时也不忘表扬对孩子用心、积极配合学校工作的家长。

# 第五章 家校共育"金点子"分享

## 家庭教育优秀案例
### 成功案例一

## 陪伴是最好的教育

二年级五班 刘浩源家长

作为家长,我认为要想教育好孩子,首先要以身作则。父母是孩子的榜样,也是孩子的第一任老师。给孩子营造一个良好的家庭氛围,让孩子养成诚实守信、正直勤勉的品德和喜爱运动、热爱学习的习惯。

我们大多都是"八零后"家长,总觉得自己还没长大,所以对待孩子有时有些孩子气。时间久了就以同龄人的心态和孩子一起去成长,和孩子亲密,没有太大的压力,对待孩子的要求就是健康快乐地成长。希望给孩子一个快乐的童年,尽可能让他的童年充满阳光,不想给他太多的约束。不敢奢望他有多大出息,只希望他平安、健康、快乐、自信地成长!

天底下的父母都是一样的,他们都深爱自己的儿女,不只是希望自己的孩子能够健康快乐地长大,同时也希望自己的孩子足够优秀。我教育孩子注重抓基础,我要求宁可分数不是很高,也要把基础知识打牢。孩子是一个独立的个体,他们有自己的想法。所以,要尊重孩子的想法,不能一味责骂他们。毕竟孩子是有自尊心的,其实只要家长多给孩子一点信心、一点鼓励,或许结果会截然不同,孩子会慢慢变得越来越优秀,只要你肯给他们机会!让他们充分发挥自己的潜能,培养他们独立解决问题的能力,不要把孩子看得很软弱,好像他们什么也不会做,这样反而会使孩子变得更软弱无能;相反,如果放手让孩子自己

做,应该对孩子会更好。孩子比我们想象中更加强大!不要打击孩子的积极性,要在学习上成为孩子的良师益友。努力给孩子最好的影响,让他养成好的生活习惯和学习习惯。同时要求孩子像爸爸妈妈一样要诚实守信、讲卫生、爱学习。只要孩子做得好,我们就要赞美他,不好的习惯慢慢改正,逐渐养成良好的行为习惯。我们关心孩子的成长,但绝不仅看分数,当检查家庭作业发现错误时,我们会严格地指出来,但绝不会对他呵斥嘲讽。我们一起学习,一起玩耍,我们希望他自尊自爱、自强自立,做一个坚强、勇敢的男子汉,不希望他觉得自己不受重视甚至不受欢迎。

现实生活当中,培养孩子的兴趣爱好并加以引导教育,锻炼孩子的性格,激发孩子学习事物、认识事物的热情。不因为自己工作忙而忽略孩子。不包办他的任何事,无论是生活还是学习方面。鼓励并支持他做自己感兴趣的事情,尊重他的想法。和孩子多沟通,让孩子说出自己的想法。陪伴是最好的教育,趁着孩子还需要我们陪他们,共同经历喜怒哀乐,共同学习和进步!

**成功案例二**

## 用赏识眼光看孩子

*二年级五班 周佳琪家长*

作为家长,说到教育孩子我时常惭愧不已。"暴脾气"这个词就是我家孩子给我起的。说真的,以前我时常为一点小事就对孩子大喊大叫,事后又感到后悔和自责。家庭教育中的错误就这样在无意中产生了。后来我时常反思,对待孩子的错误,一定要心平气和,先和孩子沟通,给孩子讲道理,要把孩子当朋友,不要以命令的口气和强迫的方式让孩子做事,多给予孩子鼓励和表扬,要培养孩子的自信心,给

孩子树立一个好的榜样。因为父母是孩子的第一任老师。在这样的过程中,我也逐渐调整了自己心态,去了解孩子的内心世界,给孩子带来了快乐,孩子学习的积极性也就提高了。

再就是要培养孩子的时间观念,在家也要有计划安排学习和生活,让她自己独立完成作业,让她知道学习是自己的事情,避免产生依赖心理,养成不自己动脑思考的坏习惯。让她养成好的生活习惯和学习习惯,同时要求孩子爱清洁、讲卫生,写完作业自己整理书桌和书包。想要孩子做得好,就要及时给予赞美。

说了这么多,我们都是为了一个共同的目标:为了孩子健康成长,为了孩子全面发展。在学校里,老师们采取各种积极有效的措施,比如"品行银行"、积分卡、喜报等激发孩子们积极向上,所以要与老师积极配合,理解老师并及时和老师沟通。我们做家长的也要不断提高自己,用心与孩子相处,让孩子感受到我们的爱。

**成功案例三**

## 成长之路

*二年级五班 李尚然家长*

我们与孩子的亲情与友谊,使我们相处得很融洽。我给予孩子并不多,也没有太多的时间,只有在适合的情况下,调节日常生活作息时间,让孩子学习有着规律。一般来说,孩子在学校上课一天,放学回家后温习一下功课,或者是做几道练习题,加深巩固。父母调节好时间,对孩子正面上多多帮助,让她劳逸结合帮家人做家务,整理一下自己的学习用品。让孩子有自己的空间,做点她喜欢做的事,反而轻松了很多。孩子会跟父母讲她觉得快乐的事,或者是不懂的事情,这时父母要认真聆听,为孩子做正确的心理疏导,让孩子有良好的德育环境。

每天为家庭奔波忙碌,看到孩子茁壮成长倍感欣慰。对新事物的认知,会激发着孩子浓厚的兴趣。有些日常生活常识和现场的规则、交通规则,我们会在孩子的耳根举一反三地提醒,让她留下深刻的印象。节假日的时候,也是孩子们轻松的时刻,让她亲身体会,感受自然,开阔心胸,感受多元的生活方式,把父母的关爱和老师们辛勤的教导化为孩子热爱学习的动力。

**共勉:**

亲爱的家长朋友们,真正的家庭教育,不是控制和打骂、索取和占有、逼迫与排斥,而是沟通与接纳、平等与信赖、赏识与陪伴。

唯有如此,我们才能与孩子携手共同成长,收获幸福和与喜悦。

# 第三节 扬自律风帆 助成功人生

曾有人说:"有一种品质,可以使一个人从碌碌无为的平庸之辈中脱颖而出。这个品质不是天资,不是教育,也不是智商,而是自律。"

可见培养自律有多重要。自律,是所有优秀的人的共性,是一个孩子最应该拥有的品格。自律就是在该做事情的时候,不管你喜欢不喜欢,都去做你应该做的事情,不要去羡慕那些成功的人,因为没有一份好运是轻易就能得到的。所有的好运,都建立在努力和自律的基础之上。所以,别总想着投机取巧,你偷的每一个懒,都会在日后成为最深的遗憾。

养成自律,很重要,也很难。确实如此:生活中一个个让家长苦恼的情景时不时地出现在我们眼前;

## 第五章 家校共育"金点子"分享

**【情景再现一】早上小明的家**

已经六点五十分了,妈妈着急地又来到小明的房间。

妈妈说:"小明,快起床了,已经七点了,再不起床就晚了。"

小明说:"别吵,让我再睡会儿。"

直到七点半,小明才从床上一跃而起,匆匆穿好衣服,背起书包,饭也没吃,就匆匆忙忙来到学校。最后,小明还是迟到了,被班主任批评了一通。

**【情景再现二】下午放学后的小华家**

妈妈说:"小华,不要再玩手机了,快去写作业吧!"

小华说:"不用急,我再看一会儿。"

……

直到晚上八点半,小华才慢吞吞地来到书桌前,很潦草地写完作业。第二天被老师叫到了办公室……

这样的生活场景比比皆是,多少家长为了督促孩子学习,导致亲子关系紧张,甚至弄得鸡飞狗跳……

**【自律的情景再现三】**

邻居家的孩子今年读高一,每天都坚持早上五点半起来长跑五千米。寒来暑往,从来没有间断过,已经坚持了五年,他说这是他每天当中的必修课。这个孩子在学习上也从来不用父母操心,从一年级到现在,每年都被评为三好学生。每天放学前会把教室里的灯、门窗关好才离开,看到有垃圾的地方,也会主动打扫干净。

可见,自律的孩子有多优秀。这令多少家长羡慕不已。其实,孩子的自律并不是天生形成的,而是需要后天培养。在这个过程中,父母的引导对孩子来说非常重要。那么怎样帮孩子养成自律的习惯呢?

首先,让孩子明白学习的目的。

有了明确的学习目的,才有学习的动力。很多孩子因为缺少明确的学习目的,平时学习应付了事。"学霸"们之所以学习好,是因为他们的学习是持之以恒的。不管有没有考试,他们都会认真学习。当临近考试的时候,他们会更加努力。对于他们而言,学习的目的并不是考试,考试只是检验自己学习成果的一种手段而已。

其次,培养孩子管理时间的能力。

制订学习计划表非常重要,它可以帮助孩子形成规律的作息,清晰合理地管理时间、行为,提升效率。

放纵的孩子不会知道,"学霸"靠的不是智商而是自律。几乎所有"学霸"都有时间管理能力。他们每天早起晚睡,同龄人在睡懒觉、打游戏、吃喝玩乐的时候,他们却在查缺补漏、复习巩固、自学预习、读课外书、锻炼身体。

清华大学的作息时间表,它惊醒无数沉睡中的孩子。

在询问双双考上清华大学的"学霸双胞胎"成功的秘诀时,她们说:"我们成功的关键,就在寒暑假。"每个假期,她们都认真制定学习计划,严格按照计划执行。

第三,培养孩子做事条理清楚。

要培养孩子自律,必须引导孩子做事情条理清晰,知道把事情分成轻重缓急,明白自己应该先做什么,后做什么,并懂得如何合理安排时间,把自己的学习和生活安排得井井有条。

我们给孩子提供的是能够培养孩子自律的环境,而不是强行给他们制定纪律。自律让孩子养成好的习惯,让孩子越来越优秀,最后走向成功。

**教育成功案例:**

## 优秀的你从自律开始

六年级三班 徐妙奇

看着书桌前背影挺直而又认真学习的女儿,坐在客厅沙发上劳累了一天的我舒心地笑了,一天的劳累荡然无存。今天下午,同事认真地问我:"你的女儿怎么这样优秀,你是怎么培养的?"我笑着说:"自律让女儿更优秀。"

女儿小时候很平凡,并不出众。因为初为人母的我对孩子寄予很大的期望,所以我开始学习育儿知识,读了许多教育子女方面的书,如《好妈妈胜过好老师》《陪孩子度过小学六年》等。掌握了丰富的育儿经验,在教育孩子上就会少走许多弯路。

我一直遵循的是给女儿有边界的爱。我和丈夫都很爱自己的女儿,但我们的爱有原则。从女儿懂事开始,我们就制定了科学、良好的家庭规则,让孩子有良好的行为习惯。例如:对人要有礼貌、见人主动问好、对小朋友要谦让、注意个人卫生、作息有规律等。刚开始,孩子不习惯,慢慢也就习以为常了。孩子的规则感需要

父母的陪伴与参与,在生活中帮助孩子建立规则感,让孩子从而建立起自律感。

有意识地教会孩子管理生活的能力。女儿还很小的时候,我们就经常引导她做一些力所能及的家务,像收拾桌子、洗碗、整理房间、做菜等,她在很小的时候就会做了。有时,周末也会带她去社区的孤寡老人家帮忙打扫卫生,收拾房间。久而久之,孩子就会在日常生活中严格要求自己,养成了自我管理的好习惯。

我经营着一个小美容院,丈夫在单位上班。今年春天,孩子自己在家上网课,有时客人需要,我要到店里去,又不方便带着三岁的儿子,经常是女儿一边听网课一边带弟弟。她早起打卡,利用休息的时间伺候弟弟起床,给弟弟做饭,指导弟弟的生活。在线上学习这段时间,她学习更加争分夺秒,家务做得又快又条理,生怕耽搁听老师讲课。这段时间,女儿的学习非但没落下,反而更优秀了,同时自我管理的能力更强了。

美国育儿专家伊丽莎白·潘特丽曾经说过:"给孩子布置家庭家务,是让孩子建立起自我价值感和相信自己能力的一种最好的方式,习惯于承担家务的孩子在走向成年的过程中,往往比那些缺乏这种体验和责任感的孩子更容易适应生活。"

父母是孩子的第一任老师,孩子的成长需要父母的陪伴与约束,这也是养成孩子好习惯的因素。我比较忙,丈夫的时间相对比较稳定,因此孩子对读书的喜爱是丈夫的功劳。经常是女儿坐在书桌前读书,丈夫坐在床边陪读,遇到书中好的句子、段落和情节时,父女俩互相分享。久而久之,女儿的读书量越来越大,作文水平和阅读能力也越来越强,语文能力在班中也是最优秀的。

如今,女儿已经是小学六年级的学生了,每天按照自己制定的时间表学习着、收获着。我们作为家长的,虽然平时比较忙,也不能忽视了孩子的学习与成长。我每天细心关注着孩子的学习和生活,适时进行鼓励、指导与评价,经常给女儿很多小的物质奖励,女儿的干劲更大了,学习兴趣更浓了。女儿所在的学校搞"品行银行"课题,利用"品行银行"引导评价孩子一天在校的行为,我们在家也充分利用"品行银行"评价鼓励孩子。时间长了,孩子严格执行自己的学习生活计划,每天按部就班,过得充实而又轻松。家长再也不用为孩子的学习费心了。如今的女儿,已是同龄中的佼佼者。是自律让女儿如此优秀,是自律让我们父母过得轻松而又舒心。

不要去羡慕别人家的孩子,只需你理性、有耐心地培养孩子的自我管理能力,让自律成为孩子的习惯,你家的孩子也可以成为别人家优秀的孩子。

# 第四节 与孩子一起成长

## 【师生篇】老师与孩子一起成长

我们的前辈于永正老先生曾在一场报告中这样说:"怎样让孩子写好字?写给他看。"潍坊教科院的薛炳群科长如是说:"从某种意义上说,语文老师的素养就是学生的语文素养。"这无一不在告诫我们,教师的成长决定孩子的成长。所以我们老师不能故步自封,应不断学习,与孩子一起成长。

### 学而不厌案例

作为小学语文教师,我用潜心读书、积极教研来践行"学高为师"的理念。

在建设学习型社会的伟大进程中,我们教师首先要树立终身学习的理念,锐意进取,开拓创新。作为语文教师首先要阅读相关理论书籍,博览中外文学名著,有时间可以涉猎其学科的书籍。近期我读的教育类书籍主要有陶行知先生的《教育的真谛》《做一名高情商教师》,叶圣陶先生的《叶圣陶教育演讲》,当代全国模范教师薛法根老师的《做一个大写的教师》。和学生们共读《城南旧事》《森林报》《草房子》,寻找空余时间阅读传统文化经典《唐诗鉴赏辞典》《一本书读懂汉字》。

语文教师应该朴实无华而妙语连珠,语文课堂应该书声朗朗、文采飞扬,丰富而美好。这就要求我们语文教师热爱读书,天天读书。否则我们的语文教学就是无源之水无本之木。教师热爱读书,善于读书,才能有针对性地引导学生读书。

比如,我们要求学生听读《水浒传》,这个阶段教师也要听。教师是课堂的引领者,如果教师没有实践,就不能有效地引领和指导。阅读指导课上教师与学生的交流要有导向作用、启发作用、保持兴趣作用。比如,"林冲棒打洪教头"片段,教师可以绘声绘色地讲一讲洪教头的盲目自大和蛮横无理的细节,引起学生共鸣,激发听读期待,保持听读兴趣。读书也是一样的,任教年级要求阅读的书目,教师也要阅读。去年我任教四年级,要求阅读《城南旧事》《昆虫记》《十万个为什么》《笠翁对韵》等,我都购买并阅读了,有了阅读体验和收获,阅读交流课上教师的指导就会有的放矢,保证了阅读课的效果,保证了阅读活动的持续进行。写作更是不必说,要求学生写,教师首先善写,写随笔,写心得,写文章。如果有时间最好写"下水文"。

教师的成长不仅是阅读专业书籍,更是在教学实践中观察、思考、提升。只有不断反思自己的教育教学行为,才能持续调整与修正。做更好的老师进而培育更好的学生。

## 教学相长案例

那天是六一儿童节,上午我们学校举行了隆重的庆祝活动,活动结束又看电影,兴奋了整整一个上午,下午照常上课。

午休回到学校,到达办公室必经我们五一班教室,我习惯性地从教室走一趟,顺便说说下一节课的主要任务。几个机灵的小鬼头照例围拥过来,问这问那。

我一一回复着,不料刘旭辉挤进来,很委屈地说:"老师,老师,你怎么不去看节目。"

我不假思索地回答:"我批阅你们做的单元练习题了,今下午咱就讲呀。"

刘旭辉更委屈了:"我找了一圈都没看到你。"我心里一颤,随即道:"你的节目我看了。"这孩子还不大相信:"真的?"我打开手机给他看:"你看,我还发了朋友圈,我的朋友们点赞,还给你拍了一个特写。"刘旭辉直接满脸阳光灿烂。

我的关注对一个孩子那么重要,幸福之余,也感到了肩上沉甸甸的责任。

其实,那天我看完第三个节目才回到办公室,刘旭辉同学参演的《荆轲刺秦王》完整地看了一遍。

小演员们投入的表演、动人心魄的背景音乐,打动了在场的所有观众,大家凝眸倾听,给予高度评价。我们班的刘旭辉扮演燕王,语调抑扬顿挫,举手投足气度不凡,令人刮目相看。

看着眼前这个"小燕王",我夸奖了他:"你怎么能把燕王演得这么好,天生的演员!"这个一贯调皮的孩子笑了,羞涩又快乐。

日子一天天过去,可是对于刘旭辉却是日新月异。课堂上他积极举手,明亮的眼神闪烁着自信的光芒。每次背书又快又好,曾一度超过我们的"神童"于建航。

老师的慧眼是多么的珍贵呀!

我的表扬给了一个孩子成长的动力,然而这个孩子又何尝不是我的老师呢?难道这个孩子不是给我上了生动的一课吗?

从此,"赞赏"成了我的"拿手好戏",成为我教学历程中事半功倍的妙招。

## 【家校篇】老师与家长一起成长

任何一个工作岗位都要经过培训才能上岗,而父亲、母亲这两个最重要的岗位,却是没有经过任何培训就可以为人父母。每一对父母都是从零开始,在教育孩子的实践中一边学一边做父母。所以,学习就显得尤为重要。而我们的很多家长意识不到学习的重要性。为此,我从以下方面做家长工作。

**方法一:借助书籍**

书籍是人类进步的阶梯,自然也是家长进步的阶梯。一方面我通过家长会向家长介绍读书的好处,特别是运用《牵手两代》中的优秀案例,启发家长转变思想。《牵手两代》中有很多典型案例,就发生在我们的孩子身上,很多家长从这些案例中获益,找到了解决孩子问题的具体方法。所以我们班的家长全部订阅了《牵手两代》。

## 第五章 家校共育"金点子"分享

另一方面,我们班的"阅读打卡群"也是我培训家长重视读书的重要阵地,经常调度并点评孩子的阅读,引起家长对打卡群的重视。进而,发送一些阅读好处的短信,还有成功人士的做法。孩子们的阅读兴趣浓厚,与家长的支持不无关系。

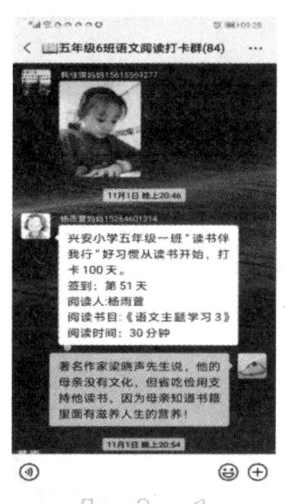
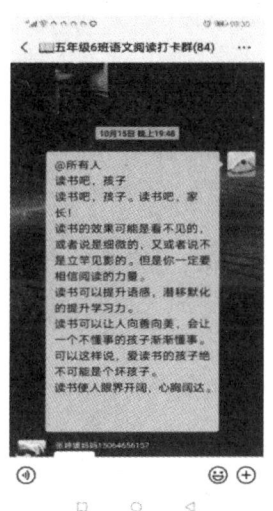
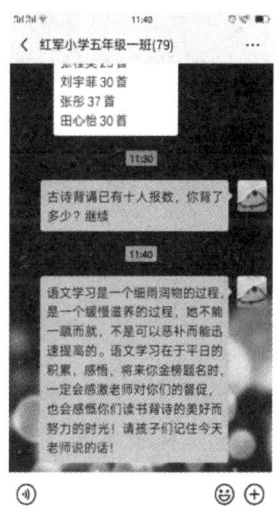

### 方法二:讨论交流

除了从书本上学习家庭教育的方法,还可以向身边的人学习。首先可以和老师沟通,老师当然是知无不言,言无不尽。家长和老师都是孩子最亲近的人,都是最关注孩子健康成长的人。我鼓励他们多和老师沟通,我还会利用家访,和家长探讨教育孩子的方法。

有位家长很困惑,说:"以前没有意识到阅读的重要性,现在认识到了,也买了好多书,可是孩子不爱读。"我给她支招:"可以让孩子选择,半小时的抄写或者半小时的阅读,他一定会选阅读,慢慢就产生了兴趣,养成了习惯。"过了些日子,家长发短信表示方法好用。另外,还可以向优秀的家长学习,遇到问题向孩子同伴的家长请教。

## 【家庭篇】成功案例一

## 父母自律 孩子才能优秀

五年级六班 家长张美

家长是孩子的第一任老师。我们和孩子天天相处,有什么样的家长就有什么样的孩子。要想孩子改变,首先要改变我们自己。

实际上父母和孩子一起学习非常重要,没有谁生来就有优秀的父母,都需要后来的学习和琢磨,才能成为值得孩子学习、被孩子崇拜的家

长和优秀的家庭教育者。

因此,我通过看书,看手机,了解青少年心理发育特点和教育规律,努力掌握与孩子一起成长的诀窍。父母与孩子是相互影响的,如亲子共读书,与孩子讨论事情,这些,对孩子和我们家长都有积极的影响。所以,在孩子读书的时候,只要我们有时间,就应该拿起书本,和孩子一起看书,一起讨论,创造良好的家庭学习气氛。家长对孩子感兴趣的事,也要投

入兴趣研究,与孩子一起展开讨论。这样不仅使自己与孩子有了共同的兴趣,还能激励孩子不断进取探索。

当孩子犯了错误的时候,我们家长应该与孩子一起反省,及时改正自己不恰当的教育方式。作为父母的我们都有自己的亲身经历,孩子的成长过程中,没有一个孩子不会惹父母生气,也没有一个孩子能做到面面俱到,世上没有十全十美的人和事。但是可以帮助孩子做得更好,对孩子的要求稍微高一点,日积月累,让时间和我们一起来改变孩子。

知识改变命运,这是硬道理。我们都知道小孩子贪玩,但是,我们必须让孩子知道学习知识的重要性,让孩子克服贪玩的缺点。

这方面,我们家长首先要以身作则。我们家的电视自从孩子上一年级开始,周一到周五都是不开的。父母做到了,孩子自然就做到了,不管周末还是放学以后,孩子都会主动把作业做完,然后才做他喜欢的其他事情。

我们家长必须要稍微严格地要求孩子,只有家长的严格要求,才能有孩子以后的自律。我们家长必须以身作则,才能和孩子一起收获、一同成长。

## 成功案例二

# 家长是孩子一生的导师

五年级六班 家长游娜

孩子的成长离不开家长的呵护和督促,为人父母没有什么能比得上孩子成绩优秀、学习进步更欣慰的事。孩子的成长离不开父母的陪伴和指导。

哪个父母不是望子成龙、望女成凤?家长是孩子的第一位老师,家庭生活中,家长的言谈举止,时时刻刻被孩子模仿。家长好的教育导向往往能够造就一个孩子美好的未来。和女儿相互影响和学习中,我总结了这几个方面的心得。

首先,要营造一个幸福和谐的家庭环境。良好和睦的家庭环境可以让孩子心情愉悦,感受到浓浓的亲情。家庭成员关系和睦与否直接影响孩子的心态和性格的养成。要让孩子拥有健全的人格,营造和谐的家庭氛围至关重要。比如,夫妻关系要融洽,婆媳关系要和睦,尊敬长辈,关爱家人;讲话文明,遇事冷静,要有责任心;勇于担当,学会感恩等。作为父母都要起到模范带头作用。身教胜于言教,自己的一言一行都会直接影响到孩子。

第二,父母一定要学会倾听孩子的心声,通过与孩子交流,了解孩子的真实感受,我觉得这是最有价值的一种沟通和教导方式。

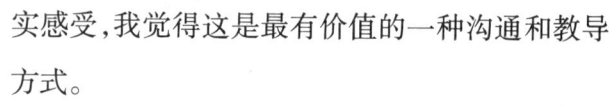

孩子在学习和生活中常常遇到很多令他们困惑、迷茫的事情。在大人看来小事一桩,但在孩子眼中就是大事情了,这时就需要我们的倾听、安慰、理解和帮助。平时,我们要尽可能创造机会和孩子交谈,要让孩子愿意多和父母说。不论孩子提出的问题是大是小,这时我一定要放下手中的事情,倾听孩子的心声,面对面商量共同解决。

第五章 家校共育"金点子"分享

时间长了就会赢得孩子信任,她会把更多的心里话告诉我,这样既增进了与孩子的感情又教给孩子处理问题的方法,让她少走弯路。

三是培养孩子的阅读兴趣。平时注意培养孩子广泛的兴趣,让孩子全面发展。高尔基说"书籍是人类进步的阶梯",现在大家都意识到读书的重要性,一定要让孩子多读书,多积累。我在家和孩子一起制订读书计划,早上读英语,晚上课外书。刚开始孩子读书不是很积极,也不是很喜欢,我就和她一起读,每天坚持读书半小时,时间长了也就成了习惯,也爱上了读书。孩子在家写作业时,给她一个安静环境。父母以身作则,关掉电视和手机,看点书报,做点家务。

此外,我还鼓励孩子积极参加学校和班级组织的各项活动,教育孩子尊敬每一位老师,与同学互相团结,互相帮助,学会分享,乐于助人。

以上是我平时教育孩子的一些心得体会。我很庆幸,自己的孩子虽然不是学习最优秀的,但是她阳光开朗、正直善良、乐于助人,让我欣慰不已。

生而有涯,学而无涯。宝贝,我会和你一起学习,一起进步。

## 成功案例三

### 让知识改变命运

五年级六班 家长李志芳

孩子一出生,我们成了家长,除了给孩子饮食衣着等物质保障,还要培养他养成一些好的习惯。生活中,我重视了阅读习惯的培养,对孩子的教育事半

功倍。

　　我跟孩子的爸爸文化水平都不高，自然希望孩子能够学习好一点儿，将来能够通过学习来改变自己的命运。为了培养孩子的阅读习惯，我给他买了很多书，一开始是绘本，后来学会了拼音，那些绘本就被搁置下了。

　　自从学会了拼音，我们就给他买各种书看，晚上陪他一起读。记得在上二年级的时候，我说："我听见咱家里有个蚊子在嗡嗡叫。"然后他就跟我说："妈妈，蚊子是不会叫的，那是它的翅膀跟空气摩擦发出的声音，它的翅膀每秒钟能扇动几十次呢。"到了秋天，看见树上的叶子黄了，他就会问我："妈妈，你知道秋天树叶为什么会黄吗？"然后他就跟我讲解为什么会这样，我知道这是他从书本上看到的，心里很高兴。

　　星期天，我们经常一起去新华书店看书，买书。他从书上看见的有趣的、开心的事情，便给我听。凡是少年儿童读物，只要他喜欢，我们都支持他购买。因为看书可以增见识，长学问，还可以消除寂寞。我们希望我们的孩子从小就养成阅读的习惯，希望孩子能在书的海洋中获得更多乐趣。

对于孩子阅读习惯的养成,我觉着是一个长期的过程,家长应该要给孩子提供一个良好的阅读氛围,多逛书店、图书馆等,自己也要提高阅读能力,给孩子树立一个好的榜样。

## 第五节 耐心沟通 走进孩子心中
——让孩子脸上的笑容越来越多

家校共育是本着教育的原则,落实对学生或是子女的教育,也是家庭和学校共同的责任。现在社会、学校、家庭三位一体的教育还未能达成统一,存在着较为严重的脱节现象,特别是家庭教育和学校教育在手段、态度等方面不能很好地结合。家庭教育和学校教育如何进行有机结合?家长和老师应该就教育孩子如何进行良好的沟通?应当采取什么方式才能真正取得小学生德育的最佳效果?

**案例**

刘依琳是我班一个较内向的女孩,她课堂上认真听讲,从不做小动作,是一个让老师喜欢的学生。可是在刚开始接触她的时候,她的表现让我这个班主任头疼。她不爱说话,问她问题她不理你,问得次数多了就哭,眼泪哗哗的,好像受了天大委屈似的。这天中午,我刚到学校,班长跑进办公室急呼呼地说:"老师,刘依琳趴在桌子上哭。"我赶忙问为什么,班长说:"不知道,有同学看见上学的路上就一直在哭。"我赶紧走进教室,看见刘依琳趴在桌子上正哭得伤心呢。

于是我走过去,轻轻拍拍她的肩膀,把她叫到办公室。费了好大工夫才弄明白,原来她妈妈和爸爸回老家看爷爷了,把她托付给了邻居。平时依赖父母惯了,本身就有些不乐意,脸上就挂上了"珍珠"。加上同学们不知原因没有安慰,还有的笑她哭鼻子,这就委屈得不得了。

**分析**

这件事虽然看起来虽小,可是对一个内向的孩子来说,这件事情如果沟通不好,可能会影响她的心理健康成长,会让孩子更自卑,缺少自信。经和家长沟通了解,得知她父母白天工作忙,很少与孩子沟通,有时看到孩子哭,不是耐心寻找原因,而是不耐烦或者直接用命令的方式来解决,让孩子一味服从。他们觉得,让孩子吃好、穿好、把孩子送到学校就算完成任务了。其实不然,孩子的家庭教育往往比学校教育更为重要,家庭教育和学校教育相辅相成,缺一不可。要想让孩子内心充满阳光,不仅需要老师走进孩子内心,用爱关怀他们,更需要家长从多个角度来分析孩子的行为,了解孩子心理,并用切实可行的方法来帮助孩子,教育孩子,使孩子健康、快乐地成长。

**方法**

**一、家庭教育**

面对这样的孩子,最重要的是要跟孩子进行耐心的交流,然后平心静气地跟家长沟通交流。当孩子有问题时,或者需要家长时,希望家长再忙、再累也要抽出时间跟孩子进行沟通交流,多了解孩子的想法,别一味呵斥或命令,因为这样会让孩子更自卑,更不愿说出心里话。遇到孩子有问题,家长要先放下手头的活,耐心和孩子沟通交流,了解孩子的想法,要让孩子感受到家长对她的爱,鼓励孩子遇事动脑,做到自立。在家里要帮助孩子树立自信心,多给孩子鼓励,做孩子成长的强有力后盾。

**二、学校教育**

在学校,我首先让班里性格开朗的同学多和刘依琳接触,让她感受到班里同学之间的关爱,感受到老师对她的关爱,让她内心感受到温暖。鼓励她说出自己的想法,课堂上多提问,及时给予肯定与表扬。如果一个人感到自己被别人赏识、被别人重视,自己对别人来说是重要的,就会自然地产生愉悦的感觉,行动就会更加积极,做起事情来就会充满自信。我在课下常与刘依琳交流,鼓励她参加各种活动,让她快速地融入班级集体,敞开心扉。遇到问题时,不要胆怯,要想办法面对,学会独立。

孩子年龄尚小,心智发展还不很成熟,过于依赖父母,受不了委屈,又不肯说出自己的想法。但是却很在意别人对自己的评价,尤其是父母和老师对自己的评价。你如果经常夸奖,经常表扬,孩子的内心就会充满自豪和自信,觉得自己的确很优秀,的确与众不同;相反,如果孩子平时很难听到父母的夸奖,听到的尽是些埋怨、责备,遇到事不与孩子沟通,孩子就会觉得自己做人很失败,遇到问题时手足无措,会对自己的能力产生怀疑,进而失去学习和生活的信心。

**结果**

经过老师与家长的共同努力,刘依琳渐渐活泼起来,话也多了,上课回答问题也积极了。更重要的是遇事不再哭了,性格比以前开朗了,脸上的笑容也越来越多了。

因此,家长在生活中应当对孩子多一些关心少一些指责,当孩子有话说时,要耐心听完。当孩子出现问题时要加以引导,耐心和孩子沟通。当孩子在某一方面有进步时,千万不要吝惜自己的表扬。当孩子遭遇失败或行为有过失时,也不要对孩子全盘否定,说得一无是处。这样做不但于事无补,而且还会伤害孩子的自尊和自信。

## 第六节 "指尖微交流" 家校心连心

今年来,兴安小学深入探索潍坊市家校共育十五项制度,特别在"家校沟通"方面进行了创新研究,尝试实施了班级"指尖微交流",逐步建立起了"指尖微交流"制度,架起了家校沟通的连心桥,凝聚了家校育人合力,收到了良好的育人效果。

**一、主要做法**

"指尖微交流"即学校各班级充分利用每周三无作业日晚上七至八点,固定一个小时的时间,在班级家长微信群举行全体任课教师和家长共同参与的交流会。

每周三晚全体家长齐上线,各科老师共上阵,通过形式多样、内容丰富的交流活动,纾困解惑,齐抓共管,形成教育合力。

1.开展线上"学情会商"。班主任和任课老师有针对性地向家长汇报,展开沟通和交流,并进行学法指导。

2.汇报学生"居家评价"。家长汇报孩子一周内居家表现,向老师们反映自己在教育孩子时遇到的困惑。

3.分享"我说我的家教故事"。班级中优秀家长利用小视频、小案例,分享优秀家教案例及经验。

4.举行"家长主题沙龙"。家长围绕孩子的习惯养成、青春期的沟通、孩子为什么会磨蹭、作业应该怎样辅导、如何开展国学教育等主题进行讨论。

5."互联网+面对面"。利用微信直播功能进行面对面、氛围融洽的互动交流。针对个别特殊孩子,家长单独和任课教师、班主任交流探讨。

二、取得成效

1.拉近了家校距离。虽然只有短暂的一小时,但该活动进一步加强了家校沟通与交流,增进了家长对学校工作及孩子在校情况的了解,实现了学校和家长心连心。

2.提升了办学满意度。通过交流,有效减少了家校矛盾,切实提高了家长对学校的满意度。

3.凝聚了家校合力。有效提升了家长的家教水平,跟家长们在学校管理、家庭教育、家校联系等方面达成共识,实现了家校携手共育目标。

# 第六章 家教故事分享

## 第一节 细心耕耘 静待花开

每个孩子都是父母心头的宝，是全家的希望、国家的未来。把孩子教育好，成长为对社会有用的人，远比给孩子留下钱财更为重要。孩子除了接受正规系统的学校教育外，家庭教育也是孩子成长历程中重要且不可缺失的一部分。对此，我没有什么特别的方法和经验，只能说一说自己的点滴感受。

我的女儿今年十三岁，是个开朗、乐观、活泼、聪明的女孩子，虽然已上六年级，但依然调皮捣蛋，时不时会搞出点儿小动作来。因为无法集中注意力专心听课做作业，所以成绩在慢慢下降。趁着周末可以和女儿整日相对，找个彼此都心情愉快的时间，我和女儿坐下来，煮点茶，吃点蛋糕，边吃边聊。我跟女儿讲："如果有同学笑话你，你一定要对自己有信心，你并不比别人笨，别人也不一定就比你聪明，只是别人比你勤奋努力。只要你肯努力，脚踏实地，每天都会有进步，哪怕只是一点点的进步，都说明这一天没有白过，终有一天会破茧而出，蜕变成为一只美丽耀眼的蝴蝶！学习是靠天长日久的积累，不是一时一日之功，一定要坚持不懈。给自己加油，相信自己，你一定行！"同时，我每晚关注女儿做家庭作业，了解在校学习的情况，自己能辅导的，尽量耐心给女儿讲解，自己不能辅导的，上网查阅资料，再给女儿讲解。每当女儿有了进步，我都会及时地给予赞扬和鼓励，让她知道，自己通过努力同样可以获得成功。通过和班主任的及时沟通，了解女儿在校的表现，针对出现的小问题，共同想办法解决。经过四个月的努力，女儿大有改观，班级的各项活动积极参与，成绩虽然不是名列前茅，但的确有了很大进步，我非常欣慰。

在不放松学校课业学习的同时，我积极鼓励女儿发挥特长。女儿特别喜欢音乐，从小学一年级起，就一直坚持学习古筝弹奏，六年来从未间断。我时常鼓励女儿，学习古筝弹奏，并不一定是为了将来从事这个职业，只是因为她有这个天赋，如果不坚持学下去，将是一件非常可惜的憾事，而且学习音乐，会提高自己对艺术的欣赏水平，提升素养。很多人因为种种原因，在成长过程中慢慢放弃了自己的特长爱好，成年后只能慨叹。只有坚持不放弃，才不会日后唏嘘。孩子天生爱玩，我的女儿也不例外。而弹奏古筝又是一件特别单调乏味的事情，小孩子很难坐得住，尤其练久了手指会异常疲累，久而久之就会产生厌倦心理。这时，我就鼓励女儿，给予赞扬、支持，让女儿看到能够完成的目标，不至于害怕、厌倦。现在听到女儿娴熟地弹着优美的曲子，心中就会油然而生一种自豪感，为自己，更为女儿。

还有美术、书法等，对女儿来说，都是弱项，她一点儿都不喜欢。但我发现女儿画卡通画、插画类还是很有潜力的，只是在她原来的班级里有才能的学生实在太多，她的表现自然是不显山不露水了。但我还是不希望她上了那么久的美术课，还不能完成一幅简单的作品。于是在暑假里，为了激起她的兴趣，我买来纸张，随意画了几幅卡通画，就专业水平来讲，的确不怎么样，但我用彩色星星笔把卡通图画描得鲜艳亮丽。女儿一看便来了兴趣，然后学我的样子画了起来。我随后又找了很多小女孩特别喜欢的那种插画让她临摹。果然，女儿画得非常好，一个暑假下来，已经画了二十几页，每张都有模有样。开学后，女儿做起黑板报和报纸来，画画已经难不住她了，甚至成了办黑板报的主力。作为妈妈，我是真心为女儿高兴。

在为人处世方面，我时常提醒女儿，一定要心胸开阔，不要斤斤计较，为了一点点芝麻小事耿耿于怀。因为女儿有点不自信，特别在意同学对她的看法。有一次，女儿吃饭的地方的奶奶告诉我，女儿有将近一个星期没去吃中午饭了。我大吃一惊，因为女儿年纪小却有胃病。我跑去问女儿，中午饭吃了吗，女儿说吃了,我问吃饱了吗,女儿说吃饱了。我说奶奶说你没去吃中午饭啊!女儿不说话了。后来女儿才说,一起吃饭的一个女生说了些话,女儿以为是说自己,就不去吃饭了。我对女儿说,饭怎么能不吃呢,还想胃痛挂吊瓶啊,再说,人家也不一定就是说你啊,就算说的是你,又有什么关系呢。

但是,女儿也有很多小毛病,很难改掉。为此,我没少花心思,却常常感觉无能为力。当谈话、鼓励、批评等都不管用的时候,有时气急了我也会用简单粗暴的惩罚来对待女儿的过错,而事后又追悔莫及,内心备受煎熬。看着比我还高的女儿,我一再告诫自己,一定要冷静、冷静、再冷静,尽量平心静气地和女儿谈话、商讨,希望能够在彼此都能接受的一个点上达成共识。因为我也曾是孩子,也知道自己曾经多么贪玩,也犯过很多错误,也曾期望长辈谆谆教导给我们机会改正。我想,孩子成长不可能一帆风顺。作为父母,不管多么急切盼望孩子出类拔萃,都得等待,就好似栽培花苗,要浇水、施肥,还要除虫、除草、剪枝,只要有耐心,热诚耕耘,花总会开的。

## 第二节 厚道孝悌 敬学爱信

谈到家风家教这个问题,首先要给自己一个明确的定位,自问一下:我是谁?我在家庭扮演什么角色?我家要有什么样子的家教传统?我对当下自己传承的家风家教满意吗?不满意怎么办?

先不急着回答,我们不妨从以下几个真实的小故事来寻找答案。

我的父亲今年九十岁了。在他七十岁的时候,还坚持劳动,他自己种蘑菇去集市上售卖。有一次,父亲摘了一篓子蘑菇,骑着脚蹬三轮去安丘市场售卖,走的是关王至安丘的柏油路。行至陈家庄村后,后边赶上来一个骑摩托车的,在同向行驶的路上,那位骑摩托车的从后边撞上了我父亲的三轮车。刹那间,我父亲连同三轮车从路南边被撞到路北边的渠道边。渠道有五米多深,三轮车被渠道边的树挡住了,父亲因为惯性被抛到三轮车斗里装蘑菇的篓子里,蘑菇当了垫子,起了缓冲作用,父亲一点儿也没受伤。父亲和那位摩托车手都受到了惊吓,毕竟我父亲年龄大了,那位骑摩托车的直接吓坏了,手忙脚乱地把我父亲和三轮车弄到路上,当场跪在我父亲面前叫爷爷,又摸索出一千元钱给我父亲。我父亲自己感觉身体没事,坚决不收钱,叫那人站起身来,收起钱,去安稳上班,并嘱咐他以后注意安全。那人非常感动。事情发生之后,父亲教育我们说,年轻人养家糊口,靠上班打工不容易,并很经典地说"得饶人处且饶人"。

也是大约二十年前,我的一位迁居吉林省的远房叔叔,因为四十多岁了还没谈成对象成家,突然从回到安丘,找到我父亲,对我父亲说:"哥,我现在无依无靠,来投奔你了。"当时,尽管我家也很贫穷,父亲还是让那位叔叔在我家住下了。连续几天,他跟着我父亲下地干活。我父亲觉得,这样不是办法,不能解决实际问题,就找到邻村一位在潍坊市区搞建筑的李姓朋友,把我那位叔叔介绍到建筑工地上干活,并和叔叔说:"你先打着工,挣点钱,我尽快想办法给你介绍对象成家。"我那位叔叔也挺勤快,就跟李大哥去潍坊干建筑打工了。我父亲随后开始托人给叔叔张罗。介绍一个不成,介绍一个又不成,把我父亲也愁坏了。我父亲没有放弃,坚持介绍了五年,哈,还真的是机缘巧合,终于在朋友帮助下,与邻村一位老干部合作,利用"二转"的办法,先帮助邻村一个男孩介绍成功对象,然后,又把那个男孩的一个大龄姐姐介绍给我叔叔,两人一见面感觉很好,我叔叔也因为打工攒了一部分钱,在潍坊买了一套房子,很快,两人就成了家。现在,我那位叔叔的孩子也十几岁了。通过这件事,我挺佩服我父亲的毅力,别人或许介绍一次不成功就放弃了,但我父亲坚持又坚持,直至给叔叔介绍对象成功。父亲这种持之以恒、助人为乐的情怀感染了我们全家人。

自己的孩子自己熟悉,我家大孩子现在实习的实验室中,有来自湖南大学的一个学生,有来自清华大学的一个,也有来自世界各国的学生,而我家大孩子是中国石油大学的学生。我告诉孩子,你虽然经过努力上了现在这个实力较好的学校,原来的同龄人或许羡慕你,但是也不值得骄傲。现在同来自世界其他国家和中国各名校的学生一起处于同一起跑线上,比较起来,肯定咱基础有差距,但是也没必要气馁。做自己该做的事,做自己能做的事,认识到差距,平心静气地沉淀积累,向老师向同行虚心学习,脚踏实地,稳扎稳打,心平气和地接受世界前沿思想的沐浴,真正做到胜不骄败不馁,足矣。

我老家在农村,平常,我们经常买点东西回家看看老人。每年的暑假、寒假我们都要带孩子回老家,除了干地里的农活,还要抽时间陪陪老父亲。我清晰地记着我家小孩子孙毓彤三岁时候的一件小事。有一天,她妈妈刚刚烙出一锅火烧,热乎乎的,放在一个盖垫上,让孙毓彤端着去给她爷爷送。我家距离她爷爷家一百多米,她居然能自己端着送去,喜得她爷爷合不拢嘴。

今年(2020年)春节前,我们一家人回老家打扫卫生、挂红灯笼、贴春联。孙毓彤就像突然长大了一样,跟着我们跑前跑后,忙左忙右,一起把我家和她爷爷家打扮得漂漂亮亮,迎接祥和的春节。

年后,突如其来的疫情打乱了我们的生活,我们响应政府号召,遵守政府指令,取消走亲访友和各种聚会,"宅"在家里,支持祖国加油。孩子悄悄在家按照老师微信指导在妈妈陪同下有序学习。

我们一起按照专家老师的方法,归纳总结了孩子的十个优点:善良正直、懂得感恩、主动做家务、尊重师长、团结同学、不乱花钱、爱护花草树木、学习认真、热爱读书、积极上进。然后,孩子根据班主任老师发的微信家庭教学任务,自己做了每周的家务具体量化任务:周一做家务拖地、周二做家务收拾桌子、周三做家务洗碗、周四给妈妈打水洗脚、周五跳绳锻炼身体、周六做作业、周日与同学交流学习。

这就是我家以"热爱劳动,善良助人,率真存厚,敬学爱信"为传承的家风家教,在平凡的世界中,且珍惜且行。

## 第三节 特殊时期的保驾护航

2020年注定是不平凡的一年,由于突如其来的新冠肺炎形势严峻,我们必须要"宅"在家里了。从那以后到现在已经将近四个月了,孩子们不能到校学习,只能在家网上授课。由于网上授课不是师生面对面交流,很多孩子就会偷懒,不认真听课学习,作业也无法及时完成,这时候就要求家长必须与老师搞好配合,共同督促和帮助孩子学习。我为了做好监督,就跟孩子一起定了一个学习计划和注意事项。如下:

**一、规范调整好孩子的生活作息时间。**

周一到周五是正常上课时间,争取让孩子做到跟在学校一样,按时起床,上课提前五分钟坐在书桌前等待老师上课。上课时最好有一位家长安静地坐在旁边陪着一起上课,提醒孩子认真听讲,认真思考,做好课堂笔记。下课后,督促孩子独立完成老师布置的课后作业,及时帮助孩子发现问题解决问题。周末可以跟孩子心平气和地聊聊天,问一下孩子,过去这一周有什么问题需要家长帮忙解决的,包括学习生活的各个方面,这样可以全程掌握孩子的心理动向。家长的陪伴和沟通,在孩子成长中的作用极其关键!

**二、创造安静的学习环境。**

孩子在上网课时,家长尽可能地不去打扰他们,我是一直安静地坐在旁边陪孩子一起听课的。平时我就对孩子说过,要珍惜老师讲课的每一分每一秒,只有把老师讲的每节课都听懂了,课后做题时才会觉得很简单。家长的陪伴要适当,不能让孩子过分依赖家长,要留给孩子独立思考独立解决问题的时间和空间。

**三、积极配合老师的工作,合理调动孩子积极性。**

孩子毕竟还是个孩子,他们并不具有我们想象中那么好的自控力。以前在学校是由老师掌控,现在在家里,我们家长就要随时掌控好孩子的积极性。每个孩子都有不同的兴趣爱好,可以针对他们的爱好,提前跟他们讲好,让他们自己选择,喜欢快点完成学习任务后多做一会儿自己喜欢的事情,还是喜欢爸妈一直陪着磨蹭到半夜呢?我想孩子肯定会作出正确的选择。平时尽量少用命令语气,比如:你不能再看电视了!你应该去读书了!可以这样说:你看电视的时间有点长了,可以读会儿书了。我相信孩子一定会选择第二种语气吧。

**四、以身作则,父母孩子共学习同进步。**

孩子在学习中会背诵很多东西,比如古诗词等。我在家都是跟孩子一起背诵,他背诵的每一首古诗,我都跟着背诵,两个人背诵的时候比试一下,看谁背诵得快,我都是赢三次故意让孩子赢一次,要不会打击孩子的积极性。这样孩子的积极性提高了,学习效率也提高了,我个人认为效果不错。还有课文中的二类字,我要求倪睿必须跟一类字一样会读会写会组词。学习新课前,我会让他把所有一类字二类字都在本子上每个字写一行。

以上四点就是我给孩子和自己制订的学习计划和方法。作为家长的我教育孩子的方式就是多理解、多沟通、多鼓励、尊重他的想法。以一颗平常心去面对孩子,他才能健康快乐地成长,才能做到学中有乐,乐中有学。让他由"要我学"慢慢变成"我要学"。

最后,让老师家长齐心协力,做好孩子的指路明灯和后勤总管,为我们的孩子保驾护航,让他们越行越远!也祝愿我们的孩子在今后的日子里都能取得更优异的成绩!

## 第四节　改变自我　与孩子共成长

经常听到家长们说:"我的孩子做起事情怎么那么磨叽,什么办法用尽就是不起作用。"我的孩子在这方面一样,曾经也是拖拖拉拉、磨磨唧唧,写作业、做事情也是无穷尽地延时！下面我就说一说,疫情期间我与孩子是如何在这方面改进并一起成长的。

在疫情期间,我最大的心愿就是希望我的儿子赫翔改掉学习、做事慢吞吞的习惯,虽然这个习惯与他的性格有关,但是我不能因此就放弃。我知道如果在小学三年级前那些行为习惯得不到纠正的话,有可能真的就伴随他的终生了。所以疫情线上教学期间,我格外注重学习速度,观察他在上课时的不良习惯,进行强制性纠正。在他上课记笔记的时候,我真的不怕大家笑话,就像是在念经一样地说:"快点儿！快点儿！快点儿！"刚一开始就快起来是不可能的,我也急躁过,但是就是没快起来,笔记也没有记好,字写得也不尽如人意。而且是你越吼他,他就越做不上来。后来我就放宽条件,先让他加快书写的速度,可以在这个速度范围内稍微不用那么注重字迹的工整,三天后他就适应了。当速度上来后,我才开始对他书写的质量进行硬性要求。在我们共同努力之下,儿子在书写速度上、学习速度上、行为速度上都有了可喜的变化。今年的语文书田字格里的字和课上的笔记工整了好多,去年的书和今年的书放在一起比较真的是截然不同。虽然进步了,我知道赫翔还有更大的进步空间,只有一步一步攀升才能有更大的收获！当我看到班上那些学习优秀的孩子时,我会有意识地告诉孩子,那也是他努力的方向。想让孩子在哪些方面改变进步,家长的努力和孩子的努力是同步的,密不可分的。孩子的进步只是家长嘴上的功夫,是走不远的,所以家长们别嫌累别嫌麻烦,因为这些现象我曾经都有过。事实证明,家长肯于真正的陪伴,才能发现问题。

在陪伴孩子学习的过程中,我发现真的不能对孩子,太过于急躁甚至大发雷霆,因为这样的结果只会使孩子处于紧张状态,紧张之下他就失去了正常思维的能力,也就达不到我们所要求的那个效果。

每当有矛盾出现的时候,我会先离开孩子,让自己冷静下来。因为我的性子急,陪伴孩子学习时会有这样的状况出现,我会先让自己冷静下来,别影响孩子学习。就是在这样的氛围中,我和儿子从1月份走到现在,儿子学习的综合能力得到了锻炼和提升,我在教育儿子过程中也悟到了许多。在这期间也会和老师、家长们多交流,为自己能更好地陪伴孩子积攒能量,做到共同改变、共同成长。

# 第七章 教育心得

## 第一节 教师篇

2017年12月14日 周四 天气阴冷

### 芳华不再 初心不改

今天,下雪了,这是入冬以来的第一场雪,虽然不是鹅毛大雪,但也飘飘扬扬的,地上很快洁白一片。孩子们欢喜得不得了!操场上充满了欢声笑语,他们尽情地追逐打闹。仰着头你碰一下我的肩膀,我打一下你的小手,好不快活。有的孩子伸出双手去迎接那漫天飞舞的雪花。那认真的样子和专注的神情令我陶醉。于是快步走到操场上,融入孩子们中间,伸出双手想捧住一片片雪花,可一到掌心雪就融化了。看到孩子们一张张可爱的笑脸,我的心也被融化了。正享受这份难得的惬意,一位可爱的小女孩轻轻地走到我的身边,扬起稚气的小脸用清脆的声音跟我说:"校长,您还没到我家家访呢?我和我妈一直等着您呢。"哦,我这才想起答应小姑娘到她家家访的事。于是俯下身子,捧着她的小脸轻声说:"小姑娘,我会去的。"小姑娘这才一蹦一跳开心地走了。

望着她远去的、小小的背影,心想:曾几何时,我也和他们一样,充满稚气,充满好奇,充满期待。可现在这些对我们这个年龄的人来说成了一种奢望,是什么让我们变得如此浮躁?望着天空中美丽的雪花我深深地思索着。但我深知,作为一名教育工作者,我虽芳华不再,但初心不改。

2017年12月15日 周五 天气冷

## 做"四有"教师 育"四有"新人

今天的主要任务是迎接安丘市的教育综合督导,会议的主题当然也就是强调督导的相关事宜。会上,我对工作进行了明确分工,各位校干各负其责,都去认真地忙活起来。这期间我就认真地查看督导自评纪实,发现较往年相比,今年党建督导的内容多了许多。我不禁想道:党建工作应该是学校工作的统领,学校的任何工作应该以党的思想来引领。为此,我确定我校的党建主题是党情润红心,就是用党的思想、党的灵魂来建设学校,指导教学,引领教师成长,滋润学生心灵,在学生幼小的心灵上撒下热爱祖国、拥护共产党的种子。在这种信仰的引领下,不论老师还是学生,都会树立正确的价值观,走正确的道路,成长为对社会有用的人才。

学校是育人的场所,所以学校的教育教学要重视德育的渗透,要做到德育教学一体化。只有这样,我们的教师才能成为有理想信念,有道德情操,有扎实学识、仁爱之心的"四有"教师,学生才能成为有理想、道德、文化、纪律的"四有"新人。我们的教师应该像习近平总书记强调的那样:做学生锤炼品格的引路人,做学生学习知识的引路人,做学生创新思维的引路人,做学生奉献祖国的引路人。所以说,坚持党的教育方针,做"四有"教师,育"四有"新人,我们是对学生负责,更是对社会负责!

2017年12月16日 周六 天气晴

## 齐心协力 定能兴安

早上六点准时起床,想快点洗漱完毕吃完早餐到学校,忽然想到是周六,就又躺下了,但是睡不着了,脑海里不禁浮现出学校的一幕幕。

  这一周感冒的学生和老师比较多,有的班一天因生病缺席十几个学生,我每天都去教室转两圈,看看孩子们到校了没有,看看老师有没有感冒的,看看教室里的碳晶板开了没有……天冷又干燥,流感猖獗,孩子身体素质差易传染,老师和孩子又经常接触,就传染上了。和我同龄的刘瑞英老师是五年级一班的班主任,感冒了始终坚持上课,但后来病得厉害,发烧咳嗽,被我劝回了家。这几天因高烧不退一直在家打针,今天我打了个电话问了问,刘老师告诉我终于不发烧了,我感到放心了。李书记,我的大哥,本来身体就弱,周六又被我叫到学校加班,也感冒了,发高烧,周四才好。还有美术教师王春丽,孩子感冒厉害,尽量不请假,都是家人陪孩子打针。六年级的孔祥荣主席工作雷厉风行,带领六年级的老师扎扎实实抓教学,从不抱怨。邹书记,我们的好书记,对待工作都是跟我说:"好,你放心!"让人感到踏实,感到温暖。各位校干立足本职工作,默默无闻,但都力争完美。如出色完成现场会的周晓军、王琳琳,得到教管办好评;特色学校验收争第一的张世娟、李亚丽,有谱有方;成功安排"小手拉大手"的李校长、马奎明、刘可妍,育人工作出色;数学很棒且能干的夏景方,业务精湛;体育比赛总是拿第一的刘主任和曹老师;把学校安全当成头等大事的周科长和杨科长;幼儿工作得心应手的王秀民……各个老师都把学生当成自己的孩子一样对待,从不给学生落下一节课,刘利军老师高血压很严重,经常头晕,但始终坚持、再坚持……他们无一不是无私奉献不计较个人得失的可亲可敬的老师。

  这一幕幕不断在我脑海中浮现,就像放电影。学校成绩的取得,多亏了执着坚守的老师们,他们的优秀品质和团结精神给我增加了无穷力量。由衷地说一声:"感谢老师们!"任何成绩的取得都是依靠团队的力量,一个人的力量永远无法代替一个强大的团队。我默默地想:有这样齐心协力的队伍,我们兴安小学肯定能"兴安"!

2017年12月20日 星期三 天气晴

## 巧妇难为 无米也炊

  今天的工作很琐碎，虽没啥大事，但也忙忙碌碌，一天没闲着。在忙碌之余，心里总被一件事牵绊着——那就是校聘教师问题。当校长以来，我觉着最揪心也最无奈的就是学校缺教师这桩事了。随着人们对孩子教育的重视，大量进城务工人员在城市买房，以便让孩子能接受更好的教育。但是，这样导致城区小学年年爆满，校舍紧张，师资短缺。每到开学季节，最犯愁的就是校长，巧妇难为无米之炊！没办法，只好自己招聘、培训代课教师。为培训代课教师，足足得需要一个月。这期间业务干部可谓受尽劳累，但这一切都值，因为为了让他们及早入门，更重要的是为了咱们的孩子不走弯路！小学阶段是孩子成长的重要阶段。好习惯成就好人生！一个好老师同样会影响孩子的一生。

  不觉又到了考试季，虽然我提前给所有的校聘教师定了规矩，签了合同，要干就干满一年，把学习的时间提早安排，平时抓紧时间好好学习，咱们不为别的，就为了孩子，也为了使自己心安。但我还是很担心他们不遵守承诺，毕竟每个人的境界不同。可后来担心的事还是发生了，尽管我多次召开校聘教师会，但还是有一部分教师频繁请假。我很纠结，因为这些校聘教师也处在他们人生的十字路口，将心比心，我能不准假吗？我真的很为难，我不能中途停课吧？所以无米也得做饭啊，我得想办法去找米。好在我们的公办老师们迎难而上，为学校解燃眉之急，感谢他们以大局为重。在2018年即将到来之际，在国家日益重视教育的今天，我期待师资更加均衡和宽裕，期望校长办学无后顾之忧。

2017年12月20日 周四 天气晴

## 教师该有的样子

　　今天早上我到校稍早，在门口迎了一会儿学生，就到各个教室查看学生到校情况和学习秩序。不到七点半，学生陆续到齐。特别是三、四、五年级学生到校更早。为了学生的安全，四、五、六年级的教师主动七点二十到校看护孩子。今天早上七点二十我看到四五年级的老师都到了，认真地守护着孩子，辅导孩子功课。五年级级部长张薇薇和四年级级部长孙晓华一马当先，其他老师紧紧跟上。她们这样做的目的就是让家长知道，即使自己的孩子早到校，也有老师看管，不用担心孩子安全。说到底就是你交给我一个孩子，我还你一个身体康健、有理想追求的翩翩少年！这是我们学校所有老师的信念。不到七点三十分，包级校干周校长、王主任、李校长带头，和老师们精心呵护每个孩子。除了检查安全，还给学生提前放好暖气，不冻着一个孩子！虽然他们自己也感冒了，但他们似乎忘了这些，只要能坚持，就不耽误学生一节课！

　　青年教师王利虽是男教师，但心却很细，为预防学生感冒，主动从家带锅和醋在教室里熏。从年龄上看，他是孩子的大哥哥，但从做事上，却像孩子的父母，真是令人放心！

　　不光一线的教师个个兢兢业业，那些默默付出的后勤服务人员也是我们的楷模！当你一早走进大门时，首先映入眼帘的是鞠老师扫地的身影。年近六十岁的鞠老师每天早上七点以前到校，打扫整个校园的卫生，一丝不苟，不管是平坦的操场还是坑洼的墙角，鞠老师都扫得一丝不苟，一如老师在上课……

　　每当看到这一切，我都会感慨万千：假如你要干教师，就干得有模有样，一如米开朗琪罗在绘画，一如莎士比亚在作诗……这才是我们老师该有的样子。

## 第七章 教育心得

2017年12月27日 周三 上海 晴

# 教师的专业成长之道

今天的讲座,感受最深的是王建军教授的《教育变革与教师发展》。王教授从孔圣人时代的教育讲到今天教育的变革与发展。由以前的关乎少数人的不平等教育到现代的人人普及教育。教育对象的增多及层次的不同,导致教师从教不易。为使教育趋向更合理,教育部门不断地进行改革:改课标,改教材,改教参,等等。教育的不断改革更有利于孩子的健康成长和发展,但教材的不停变化,对教师提出了更高的要求和挑战。连骨干教师都因此失去了经验方面的优势。因为这些不确定性,教师就成为最容易变化和最需要提升的行业。

提升教师专业成长的途径有很多,但最直接最易操作的捷径是写教后反思和听评课。怎样写教后反思呢?首先定反思对象,也就是在教学过程中抓住一个小环节,如反思导入或者小组讨论,也就是定下具体的反思目标,自己找出存在的问题,并追问原因,然后结合实践定出具体的改进案例,开始新的尝试,并反复去做这件事,反复反思,反复改进,反复尝试。也就是反复对着一个对象去反思,去改进,去行动。只有这样,才能为反思的问题找到最佳答案,同时也把反思的过程做成微课题。

还有一点就是积极参加观课、议课、评课,从而形成自己的一套评课体系。怎么去做呢?听课时,抓住一个或几个点,去思考问题,并且把问题向自己靠拢:为什么抓这个点?自己讲课是不是也存在这些问题?应怎样解决?带着这些问题继续听课,直至把这个点(问题)弄明白,在下一步的实践中运用得更好。

勤反思、常评课,这两个简单的方法重复做,老师的专业水平就会快速提升。成就了他人,提升了自己,这样双赢的事何乐而不为呢?

**家校共育 与爱同行**

2017年12月30日 周六 晴

## 2017 感谢有你 2018 满怀期待

这是我在学校庆元旦晚会上致辞的主题。回首2017年，感谢有你。振奋和激情、成功和喜悦交织在一起，令人难忘!忘不了全体校干和教师上下一心，砥砺前进，抓教学，抓教研，攻坚克难。虽然前行的路途坎坷，但我们有力量，有信心!教学干部周校长、孔主席、王主任、夏主任一马当先，全体教师紧紧跟上。读书比赛、计算比赛、英语单词大赛相继开展。特别是年龄大的教师闫培雪、王淑坤、李萍、王文彩带头在一线教学，样样不落后，给全体教师树立了榜样。所以，学校校风日益向上，教学成绩稳步提升。

好习惯成就好人生! 教学成绩的提升与学生习惯的培养息息相关。德育处李卫东、刘可妍、马奎明抓德育、抓学生管理毫不含糊。学生不仅学会了学习，还学会了礼仪。更可喜的是张世娟、李亚丽、刘国奎三位主任把音、体、美搞得有声有色，京剧特色全市第一名，篮球、乒乓球全市第一名……一个个喜讯传来，这里面凝聚了音、体、美教师多少心血!

作风建设永远在路上。真应了这句话，邹书记、李书记想尽办法进行作风建设。红烛先锋、最美教师、最美办公室的评选搞得红红火火，惠及每一名教师。人人传递正能量，个个脚踏实地工作，这是党建引领的结果。兵马未动，安全先行!周科长、杨科长时刻警惕着。白天时刻绷紧一根弦，晚上还定时检查办公室用电、教室门窗……这一切都是为了学校的平安、学生的安全!

此刻，更不能忘的还有支持教育的广大家长，特别是家委会姜主任、窦主任等家委会成员，你们是我办好学校强有力的后盾。有了你们，我们学校会走得更远;有了你们，我们会增添无穷的力量。

2017年，感谢有你!2018年，我们心怀愿景，我们满怀期待!让我们以饱满的热情、昂扬的斗志，凝心聚力谋发展，一心一意提质量，用一流的业绩创造兴安小学美好的明天!

2017年12月31日 周日 跨年之夜

## 怀感恩心 做感恩事

今天是2017年的最后一天,在这跨年之夜,我细细盘点,工作顺利、家庭祥和,心中幸福满满,无比感恩。

首先感恩父母家人。因为你们是我前行的动力,是我永远的港湾。当我累了有所懈怠,父母的谆谆教导就回响在我的耳边:"做事要无愧于心,要对得起孩子啊!""你是校长,左肩挑着孩子的前途,右肩挑着家长的希望,一刻也不能懈怠。""你也要注意身体啊,身体是革命的本钱。"家人的牵挂萦绕在脑海,使我随时想起我不光为自己活,还有父母和家人,他们也需要我,需要我尽女儿之孝,需要我履行母亲之责。

其次感恩领导!每个领导都是我的引路人。是你们的肯定和信任,才有了我实现价值的机会;是你们的理解和包容才有了现在的我。你们的一个点赞、一句鼓励都是我进步的动力,使我浑身充满力量。你们的一句诚恳的指导,使我反思,使我睿智!

再次感恩同事、家长和朋友。感谢你们一路陪伴!一路风雨一路歌!这风雨是挫折时的争辩,是磨难时的一时退缩,也有不理解时的抱怨,但不经历风雨怎能看到彩虹!不经一番彻骨寒,怎得梅花扑鼻香!凤凰涅槃后收获的是满满的成长,是无比的坚强,是深厚的友谊!

感恩是一支神奇的画笔,它会把你的生活描绘得绚丽多彩。我们要常怀感恩心,常做感恩事。最后让我用熟悉的歌词来表达我此时的感受:感恩的心,感谢有你,伴我一生,让我有勇气做我自己。感恩的心,感谢命运,花开花落,我一样会珍惜。

**2018年1月1日 周一 天气晴**

## 专业是立身之本

今天是2018年的第一天。俗话说：一年之计在于春。我在家里认真拜读了郭跃辉的《专业是立身之本》一文。文章告诉我们：生命有限，芳华易逝，但知识永恒。也就是专业才是专业技术人员的立身之本！身为教师，专业更是教师的立身之本！一名工作在一线的教师，从教之前必须经过专业考核并获得资格，才有机会登上讲台。并在以后的工作中不断学习，不断提升自己，才能适应日益发展的教育的需求。

专业技术是教师的立身之本。提升教师的专业素质就成为学校的立校之本！虽然从教育局到学校都不惜重金组织老师培训、学习、远程研修，但对一部分教师来说收效不是很大。为什么呢？因为疲于应付，缺乏主动学习的意识，也就是教师自身学习的内驱力不足。你怎么可能有力量去唤醒一个装睡的人呢？但社会发展日新月异，如果一个专业技术人员一劳永逸，不提升自己的专业，那么肯定会被社会淘汰，在单位被边缘化。

所以，对于一个教师来说，是否具备主动学习的意识，决定了自己以后是否能够成为一名优秀的教师甚至名师。这也是未来人才必备的核心素养之一。一名专业水平不高的教师考试成绩或许比一名优秀的教师高，但他对学生的影响却是不一样的。举个例子说，一位专业技术高的语文名师的课堂，对知识诠释的宽度和深度与一般教师有所不同，能将学生引向思维的制高点，使学生博古通今。也就是对学生在课堂上能进行核心素养的培养！当学生将所有的知识都忘掉后，剩下的就只有教师留下的核心素养了！

教师的幸福就是在提升自己的同时对学生传道、授业、解惑，给学生提供最好的教育。所以提升专业，发展自己，不光是对自己负责，对学生负责，更是我们的幸福所在，是我们教师的立身之本。新年伊始，让我们用强大的内驱力去对抗生活中的琐碎与无聊,用源源不断的能量去改变职业中的倦怠,让我们在专业成长的道路上越走越远!

**2018 年 1 月 2 日 周二 天气晴**

## 不要怀疑自己每一天的努力
### ——致语文老师

最近出去学习,听了好几位语文名师的课。名师的课上得精彩而真实,孩子呈现出来的状态让我们特别欣赏,所展现出来的是应有的语文素养!面对文本,小孩理解得头头是道;面对问题,学生能静下心来合作探究且合作得井井有条;面对疑问,能够主动思考,大胆交流……名师的课堂,学生有明显的发展与变化,名师在"一个点上做得很足",也就是在一个点打井,不漫山遍野挖坑。在能力的训练与培养上做得很到位。

我们经常自问:我的课堂为什么没有这么多精彩的瞬间?学生为什么没有这么快地成长和变化?我的日常教学中为什么总是做着课文串讲、听写默写、背诵记忆这些简单重复的事?我们做这些有意义吗?答案是肯定的。我想告诉我们亲爱的语文老师:我们与名师虽然有一定差距,但咱们每一天所做的都是有意义的。真的,不要怀疑我们每天的听写、默写、背诵、领着孩子读书、对关键语句进行讲解分析、对课后练习题订正。这些正常的教学,我们是逃不掉的。期末复习,我们还要再来一遍,日复一日,如同做工。著名语文教师李镇西曾经说过:"学生学好语文靠三把钥匙:读、写、背。"那我告诉老师们:"我们教好语文的三把钥匙就是让学生多读、多写、多背。"尽管我们自己可能厌倦了这种生活,感觉自己业务平平,整天瞎忙。其实你们没有瞎忙,你们所做的这些都是有意义的,因为语文其实很简单、朴素。我们日复一日教学,虽然枯燥,但学生却在一点一点积累。每节课上,学生和文字接触,和文章打交道，孩子的素养大厦上就会一块砖一块砖地叠加。

语文期待的可能是一次顿悟。我们语文老师带着学生反复打磨，其实已经开始迈向那不期而至的顿悟。平日的懵懵懂懂，突然语出惊人；看上去波澜不惊，一有机会翻江倒海。学生这所有的变化，都是累积到一定程度的质变，只不过需要过程，需要等待时机。

其实我们语文老师还应该想到一点，任何一位名师的成长都是需要反复打磨。也就是我们只看到了芭蕾舞演员的光鲜亮丽，却没看到她们有一双你不想看的脚。也就是每一个好看的背后，都有无数难看的样子。二者不要割裂。所以不要怀疑自己，平时我们所做的，只是很朴素而已。

所以，老师们，扎扎实实地做好自己每天该做的，不要羡慕别人。名师也曾经和我们一样有过困惑，有过随讲随问，有过霸占课堂。只要我们善于学习，敢于改变，勇于实践。我们在经历这样的平凡后也会一步一步走向卓越！

**2018年1月4日 周四 天气阴冷**

## 谈谈以终为始

今天下午召开了班主任会，会议的主题是让学生制定本学期要达成的学习目标，从而激励他们在最后复习阶段以目标为奋斗方向努力学习。这也就是管理学上所说的"以终为始"。

什么叫以终为始？就是以终点为开始，就像画一个圆一样。在画圆的过程中不断改进，不断修复，最后圆满。以终为始适用于各个不同的层面，而最基本的目的还是人生的最终期许，也就是所达成的目标与愿景。一旦订立目标或树立愿景，就要从此时此刻起，一举一动、一切价值标准，都必须以人生的最终愿景为归宿，也就是由个人最重视的期许或价值来决定一切。时时刻刻把人生使命铭记在心，每一天都要朝此迈进，不敢有丝毫违背。

很多成功的人士的成功缘于以终为始。我们的平凡可能也因为没有做到以终为始。大多数人往往都是自然而然地或偶然地开始做某件事，没想那么多；有的或者因为条件有限，干脆不想，干到哪里算哪里；再就是抱着做一天和尚撞一天钟的想法，不知道走向哪里，走到何时。所以平庸的人多，卓越的人少。做一天和尚撞一天钟的时代已经过去，取而代之的是不忘初心，砥砺前进。学生要制定学习目标，班级要制定管理目标，学校要建立发展目标，并且全体教师人人参与制定，深入每一个教师心中！在愿景引领下，去实行，去改进，从而达成。在达成学校愿景的同时，既发展了学生，又成就了教师。这样就做到了以终为始。

我希望所有的家长都要学习这种以终为始的管理方法，管理好自己的家庭。建立你家庭的愿景，围绕愿景去奋斗，去拼搏。在奋斗的过程中可能有挫折，有弯路，但我们可以不断地修改达成愿景的措施与方法，再依据新方法去努力，我想每个家庭的同心圆会画好的。

如果把幸福作为奋斗目标的话，我们不把握每一个当下，不把每一件事做扎实，做细致，做得有前瞻性，就不可能赢得未来，更不可能赢得幸福！希望我们都能不忘初心，以终为始，画一个幸福的同心圆！

**2018 年 1 月 5 日 周五 天气晴朗**

## 向着目标奔跑

今天下午主题班队会，我随意查看每个班主任对班队会的落实情况。走入教室，同学们做得花花绿绿的目标墙，深深吸引了我。

何谓目标墙？走近细看，就是孩子们在期末考试时要达到什么目标，提前定好，写在一张卡片上，有的还贴上自己的照片。老师们把同学们定的目标统一汇集，贴在教室的宣传墙上，目的就是引领和鼓励同学们好好学习。贴在墙上,又时刻提醒同学们不忘初心,奋发努力。不过,同学们定的这个目标要切合实际,并且要高于实际情况,通过努力才能达到,也就是,跳一跳就能摘到。我发现主题最鲜明的是一年级——向着目标奔跑。每个孩子除了写自己的奋斗目标外,还写了自己的奋斗措施。更可贵的是做了精美的装饰,打扮得很好看,图文并茂。仔细端详,虽然字体很稚嫩,图画得也很"卡通",但都是内心真实的表达。一个一年级的孩子写道:"我过年考试时争取考满分。争取和我的同桌一样优秀,让妈妈高兴! 我要好好学习,天天向上。"看到这里,我不禁在想:谁说一年级的孩子不懂事? 只要善于引导和鼓励,我们的孩子都能成为最优秀的自己!

再看高年级同学的目标:"我班的杨庆国同学一直品学兼优,是我学习的榜样。马上要期末考试了,我要努力,争取超过他。"这是把他人定为学习目标的。还有和自己比的:"期中考试时,我考了前十名,这次争取进步五个名次。我要努力,战胜自己,超越自己。"

向着目标奔跑! 多么激励人心的话语! 学生制定的这些目标都是阶段性的小目标,虽然是小目标,却是学生实现大目标过程中的一个点。只有这一个个的小目标实现了,最后才能实现人生的大目标。孩子的目标墙感染了我:孩子都有自己的小目标,我们呢? 毋庸置疑,老师们应该力争成为优秀的教师! 这中间得需要多少奋斗! 我们虽已走过万水千山,但我们仍要不断跋涉,需要终身学习,不断实践! 新年伊始,让我们师生一起朝着目标奔跑吧!

2018年1月14日 周四 天气晴

## 教育即唤醒

教育家雅斯贝尔斯说:"真正的教育是用一棵树去摇动另一棵树,用一朵云去推动另一朵云,用一个灵魂去唤醒另一个灵魂。"多么诗意的表达,我喜

## 第七章 教育心得

欢！仔细理解就是：教育是一门艺术，贵在唤醒！

唤醒教师。唤醒教师的爱和责任心；唤醒教师的雄心壮志，自觉追寻教育梦想；唤醒教师的责任和担当，不放弃，不抛弃，不让一个孩子掉队！每一名教师从教之初，都想做一名优秀教师，都有一腔热血，爱孩子，倾尽全力教会孩子。课堂的满腔热忱，课间的倾力辅导，课后的谆谆教导，无不体现了这一点。在我们学校，这样的老师比比皆是。但是，不管哪个行业的人都一样，走着走着，就有部分人把初心给忘了，热情消失了。试想：一个没有热情的教师，怎能去唤醒学生呢？要唤醒教师，先从唤醒教师的热情开始！

唤醒学生。作为教师，唤醒是从教的手段。面对学生我们要有更多的信任和鼓励。你的一句信任的教导，一个鼓励的眼神，学生都会感到浑身充满力量。这时他们的内驱力就会被激发，就会显得很聪明、很能干、很懂事。如课堂上，学生积极上台发言，课后主动问老师一些不会的问题等，这都是内驱力迸发的显现。尤其面对一些后进生，教师要从培养孩子的非智力因素入手，多一些耐心，多一些启发和诱导，多鼓励，激发孩子的学习兴趣，去唤醒孩子内在的动力，变"要我学"为"我要学"。著名作家林清玄说过："好的教育不是教孩子争第一，而是唤醒其内心的种子。""大其愿，坚其志，虚其心，柔其气。"所以，我们要去唤醒孩子的一切潜能。

唤醒是一门艺术。说起来容易做起来难！学校管理者要有一双慧眼，多发现教师的闪光点，用其所长，点燃激情，唤醒教师从教的热情。教师面对学生，要用放大镜去发现孩子的优点，捕捉闪光点，使学生看到希望，树立孩子学习的信心。作为教师，还得有一颗灵动的心，时时事事贴近学生，将学生最优美的一面激发出来。

唤醒家长。唤醒家长，就是唤醒家长的示范意识。配合学校，抓住孩子习惯培养的根本，为孩子的一生负责。如遵守规则，带头不闯红灯；在学校规定的接送线接送孩子；要求孩子读书，家长带头阅读，建书香家庭；希望孩子孝敬老人，家长先孝敬父母；带头尊重老师等。智慧的家长还善于发现孩子的潜能优势,帮孩子制订切合实际的目标,使目标成为孩子奋斗的灯塔。当孩子朝着目标去奋斗时,家长要全力支持、配合,成为孩子坚强的后盾。当孩子听从于自己的内心去追逐梦想时,孩子无论做什么,都会做到最好,那么孩子人生的每一个乐章都会奏得更好。

托尔斯泰说过:"一个人没有热情,他将一事无成。"而热情的基点正是责任感。唤醒教师、唤醒家长的目的,都是为了唤醒学生,唤醒学生的责任和良知,唤醒学生追逐自己的梦想,成就美好的明天,做最好的自己!

# 第二节 家长篇

2017 年 12 月 17 日 周日 天气晴

## 秉家风 承家训

今天回家看望父母了,因为感冒和迎接检查有三周没回家了,心里感觉很不安,对不起父母。到家后,我忐忑不安地跟父亲说:"这几周没回家,你怪我了吧?"父亲却说:"我和你娘知道你忙,你不用挂念我俩,我们身体还行。"听了父亲的话,我感觉稍微心安了些,谢谢父母理解!接着,父亲郑重其事地跟我说:"你虽然不是什么官,但也负责一个学校,服务那么多的学生,我们知道你很操心,也很受累。我们会支持你的!但你一定不要怕吃苦,带好老师,别耽误了人家的孩子!每个孩子都是家庭的希望,望子成龙、望女成凤是每个父母的心愿。你要担起这份责任,别让家长失望啊!"每次回家,父亲总忘不了对我一番语重心长的嘱托,可像今天如此的严肃认真着实令我有些吃惊。我不禁望着他愣住了:父亲今天为何说这番话?他干过民办老师,后来因为奶奶的原因放弃了这份他喜爱的职业,此后一直经商。他思维敏捷,思想新潮,对外面的世界了解得很多。我想肯定有什么事情触动了他。吃饭时,我忍不住问父亲缘由,没等父亲回答,我娘抢着说:"这个事也好多年了,咱家里你的一个姑姑,因为给她哥换媳妇嫁到外地偏远的山区,她的孩子本来很聪明,可因为没接受到良好的教育,老师不上心教,小学没毕业,就不上了。你姑和你姑父又没文化,也认识不到上学的重要。孩子辍学后,就在家无所事事。家里又穷,四十多了也没找着个媳妇。最近来找你爸有事,你爸看到他,不由得就想和你说一说,你们一定要对得起孩子。"原来如此。于是,赶紧对父母说:"放心吧,我一定好好干,我校的老师很敬业,对孩子可负责了!"父亲只简单地说了句:"那就好!"

这次回家,真的不虚此行!感谢父母的鞭策和教诲!在人心浮躁的当下,我们有时不免会迷失自我,被流行追撵着,被潮流推搡着。我们明明越来越富裕,却没有越来越幸福的感觉。其实,作为上有老下有小的家庭主心骨和单位顶梁柱,我也时时刻刻提醒自己,所谓政绩、成绩、官衔和荣誉,与阳光、健康、善良和美德相比,又算得了什么?作为一介女流,我从未有卑微之感。扬在脸上的自信、长在心底的善良、融进血液的骨气、刻进生命的坚强……这些东西弥足珍贵。我们应该放下贪婪自私,放下追逐名利,试着去找回那些老祖宗给我们留下的最珍贵的东西,努力去传承中华民族的传统美德,努力发扬良好的家风家训,找回生命的本真。不忘父母嘱托,一定秉家风、承家训,尽职尽责,做啥事都无愧于心。

2017 年 12 月 19 日 周二 天气晴

## 真诚沟通 家校共育

今天下午四点,我和分管家庭教育的刘主任召开了家委会会议。会议的主题是请家委会成员给学校管理和教师教学提出合理化建议。虽然有部分请假的,但还是有三十多名家委会成员如期参加,我深深感到这些家长对孩子成长的关注和对学校工作的支持!会议中,各位家长对教师的教学给予了充分肯定和高度赞扬。如崔素艳老师处理问题有方,对学生负责;许强老师虽然年轻但课堂精彩;韩梅老师课堂扎实高效;刘凯、马奎明老师对学生耐心、负责;孙晓华、张薇薇、刘利军老师业务精湛;周晓军老师对家长耐心;赵亚妮、李倩、马秀云、李永霞、王淑坤、宋宝丽、王梦瑶等老师爱生如子。尤其表扬了老教师王文彩工作认真、扎实;李萍老师教学有方;杨长宝老师上课水平高,对每一个学生负责,课后利用QQ群下载软件进行教学,高度赞扬杨老师是个好老师!凡是来的班级家委会成员都对任课老师给予了高度评价!我深知这是对我们工作的包容和鞭策,我们会继续努力的。

谈到家校沟通,家长们纷纷表示仅限于孩子的学习,对老师和学校其他工作缺乏了解。并且提出家长会只是老师讲,家长听,沟通效果不是很好。姜宏大的家长和贾主任提出,可以开家长沟通会,邀请两部分家长:老师需要沟通的家长、需要和老师沟通的家长,进行面对面的沟通和交流,让家长了解学校,理解老师,这样才能达到沟通效果,而不是流于形式。

苏霍姆林斯基曾说过:"教育的效果取决于学校家庭的一致性,如果没有这种一致性,学校的教学、教育就会像纸做的房子一样倒塌下来。"家庭教育不是学校教育的简单重复,更不是学校教育的简单继续,而是与学校教育互为补充的一条重要途径。无数事实证明,家庭的影响对孩子的发展具有举足轻重的作用。家委会成员的中肯建议,我们一定会慎重考虑,虚心接受。只要学校家长一条心,保持与学校教育的一致性,就能形成教育合力。让我们用真诚架起一座沟通学校与家庭的连心桥,加强家校联系,相互配合,共同促进学生健康成长。

2017 年 12 月 23 日 周六 天气晴

## 排忧解难的家委会

这两天，一直被我校的家委会感动着……

我们学校因为校舍紧张，街道党委要出资给我们学校盖新教学楼，这是一件大快人心的好事，但需要拆迁京剧团家属院。京剧团的大部分居民思想觉悟是高的，是支持的，一听建校，纷纷签了字。但人的素质有高低，总有个别人私心重，不以大局为重。这不就有一户怎么也不签，不管怎么做工作都无济于事。负责家委会的刘主任了解到这一情况后，和家委会其他成员们踊跃出谋划策，自发去做思想工作。为了孩子，家校的目标是一致的。虽说拆迁不是我们的任务，可是这关乎我们孩子的利益。所以，我们义不容辞。

特别令我感动的是家委会的姜主任，自己只身去做工作，了解钉子户的心理，动之以情，晓之以理。回来后又主动和家委会成员调度情况，商讨对策。令我心里暖融融的。我和姜主任交流时，他质朴的话让人心里舒坦："校长，我会尽力干好这个家委会主任，为了孩子，为了咱们学校。争取在咱们的努力下，咱校有越来越多的家长关心孩子学习，有越来越多的家长支持教育。到那时，我们的孩子会更优秀，我们的学校也会驶上发展的快车道。"

听了这一番发自肺腑的话，我不禁感慨万千：有如此境界的家长团队做后盾，我还犹豫什么，还有什么理由驻足不前？雄关漫道真如铁，而今迈步从头越！

2018 年 1 月 3 日 周三 晴

## 家长好好学习 孩子天天向上

当你们看到这个题目时，也许会有很多疑惑吧？学习是孩子的事情，这与家长有多大关系呢？家长平时督促孩子放学后认真完成作业，课前充分预习，这已经是帮老师的大忙了，还让家长也跟孩子学习，哪有这些闲工夫？再说学习是孩子的事，是老师的事，让我们给孩子检查作业，你们老师干什么？

亲爱的家长朋友们，你们忘了最重要的一点：孩子是你们的，不是老师的！你们好好学习，不是为了帮老师忙，而是为了能及时调整教育观念，帮孩子好好学习。因为一个人的成长归根到底拼的还是家庭教育。家长是孩子的第一任教师，也是永不下岗的教师。

家庭教育是一门艺术，也是一门科学。首先，家长应该经常接受培训，使自己的教育更专业，这样才更有利于孩子的学习和成长。平时应多学习一些家庭教育方面的知识与案例，让自己熟悉并精通家庭教育。一是多读一些家庭教育方面的书籍，丰富知识；再是多参加一些家庭教育方面的讲座，并付诸实践！这样在教育孩子方面会更有针对性，会少走很多弯路！

其次，我们应该学会陪伴孩子。养家糊口是咱们的责任，这可以理解，但这不是咱们忽视孩子教育的理由。孩子的成长中父母的陪伴是不可或缺的，父母的角色也是不可替代的。特别是现在，一些父母为了过上更好的物质生活，把孩子推给爷爷奶奶，很多孩子成了留守儿童。这些孩子的心灵是孤寂的，缺失关爱。所以，作为家长，最重要的应时刻提醒自己：给孩子一点时间，给家庭一点时间，陪伴孩子共同成长！

第三，要想成为家庭教育专业强的家长，要懂得育人的根本。家长好好学习，孩子才能天天向上。作为一名家长，最重要的一件事是树立正确的教育目标。你希望你的孩子成为善良的人，那作为父母的你就应做一个善良的人。在工作中，在邻里之间的交往中多为别人着想。同情弱者，带领孩子多去帮助孤寡老人，和孤寡老人聊天，帮他们洗衣服、打扫卫生。同学间互帮互助，尊重他人，让孩子从小在心中种下真善美的种子，那么孩子就会朝着咱们确立的目标发展。反之，家长如果心胸狭窄，斤斤计较，又怎么能培养出大气、善良的孩子呢？

我说的家长好好学习,是学习知识,学习做人。只有两方面一直走在路上,我们的孩子才能真正做到天天向上!

2018 年 1 月 12 日 周五 天气冷

## 手拉手 心连心

从下午到现在,我内心一直被激动充盈着,这是我干校长以来最幸福的时刻。因为家委会姜主任和几位副主任、秘书长在我的办公室和我聊了一下午。我们聊怎样提高孩子的学习成绩、怎样唤醒家长关注孩子的学习、怎样赢得家长的支持。每个人都畅所欲言,没有什么校长和家长之分,因为我们为了同一目的——发展好孩子。

当谈到怎样提高孩子的学习成绩时,姜主任说:"校长,其实我们就想在协助学校干好工作的同时,把孩子的成绩提高,使孩子健康成长,同时学校也发展得更好!"多么朴实的一句话!为了孩子,同时也是为了学校。孩子好,学校就好,家庭就好,家校双赢,点出了家校共育的真谛!姜主任弄明白了根本——学校和家庭的教育目的是一致的,都是为了孩子的未来!听到这句话,我感到很欣慰,遇到这样的家委会主任,我运气真好!

为唤醒每一个家长关注自己孩子,我和校委会成员去了潍坊清平小学学习武校长先进的办学经验。刚去时,是奔着学习课程建设和家委会的组建两方面去的。没想到,一到清平小学,就被学校的家委会成员吸引住了。清一色服装,早上值班,中午和下午协助老师送学生过马路。有来学习的单位,家委会接待,家委会领着参观、讲解,就是对校园里的一对姐妹树,清平的家委会主任也讲得有声有色。家长这样支持学校,用他们的话说就是:"一些与教学无关的,我们能干的就替老师干,让老师专心教学。"我感到很震撼:有这样理解老师的家长,老师能不好好教学生吗?家委会一旦动起来,我们学校的一些工作真是水到渠成！回来之后,我立刻成立我校的家委会,并且建立了兴安小学亲子日记群,带头去写教育日记。目的就是唤醒家长,写亲子日记,记录陪伴孩子的点点滴滴。从开始到现在有一个多月了,我没有不间断,很多家委会成员也不间断。如一年级六班的王主任,虽然年近五十岁,但一直和孩子手牵手,共努力,记录与孩子的点点滴滴。

我们写日记,记录我们教育孩子的点点滴滴,发到家长群里,目的是通过这种榜样的力量带动家长,唤醒其他家长,让家长都把孩子的教育放在第一位,陪伴孩子,让孩子走好自己的每一步。努力到现在,我觉得很有成效,家委会们大部分动起来了,虽然还有不少家长无动于衷。印度大诗人泰戈尔在《飞鸟集》中说:"使卵石臻于完美的,并非锤的打击,而是水的且歌且舞。"所以,我们不着急,只要我们持之以恒,他们会跟上的!

最后,姜主任带头订出下学期的工作计划,和我们一起畅想未来。用姜主任的话说就是:"我们现在希望在学校协助下,把家庭教育工作做出特色,尽我们的人脉尽力支持学校其他工作,使学校发展得更好,成为咱安丘的品牌学校。就算以后我和校长都不在这个学校了,那学校还是一如既往的优秀!"

我是幸运的,更是幸福的,因为我遇到了一群迈着坚定步伐、并肩奋斗的人——兴安小学家委会!

**2018 年 1 月 15 日 周一 天气晴**

## 由穿"校服"想到的……

昨天晚上十点四十分,微信上接到了由家委会转来的家长投诉。大体内容是:这么冷的天,天天穿校服,又没有冬季校服,搞那些形式干什么？羽绒服外面穿校服,太累孩子了,孩子上厕所总尿裤子。让家委会向校长要答复,如果校长不妥善处理,就直接往上反映。收到这则投诉,我很惊讶:这么冷的天,

## 第七章 教育心得

谁让学生穿校服？但不管多晚,我和一年级的家委会进行了妥善处理,家长得到了满意的答复,问题妥善解决！

第二天一到校,我怀着疑问针对这件事做了调查。事实是这样的:天气暖和的时候,学校少先队强调周一早上升国旗,学生必须穿校服,戴红领巾,以示对国旗的尊重,这样要求没错。可是天越来越冷了,怕冻着学生,我们不在外面升国旗了,学生却养成了穿校服的习惯。每逢周一必须穿校服,家长不给孩子穿,孩子不让。为此家长很不理解,也很生气。认为校服是秋季校服,却要求在冬季穿,有点搞形式,对孩子健康不利。

仔细分析这件事,家长反映的没错。这么冷的天学生还穿秋季校服,确实不合适。可一年级班主任却说自己没强调今天必须穿,也很委屈。但后来我和班主任进行了分析:孩子这么小,你原来一直强调穿校服,小孩已养成了穿校服的习惯——每逢周一必穿校服。问题是你没告诉孩子天冷了就可以不穿。症结找出来——班主任工作不细致。天气这么冷,学生还穿着薄校服,为什么看不到？这就是眼里没有学生的表现,也就是没把学生装在心里。这位班主任听我这一说,认识到自己工作的不足,承诺以后工作要细致,多站在孩子的角度去考虑,不再发生这样的事。

但是,这位家长的做法也欠妥,发现班级管理不合理的地方,为什么不先和老师进行沟通呢？我们的每一位老师都会像家长一样呵护我们的孩子。如果你把老师当成一家人,给我们诚恳地提个醒,那我们老师会有多么感激？为什么动辄就想往上投诉呢？

我想,还是学校的工作做得不到位,使家长对学校的工作不了解,对老师的工作不理解,没有建立起对老师的绝对信任导致的吧？所以畅通家校沟通,让家委会参与学校建设和班级管理迫在眉睫！沟通是家校共育的桥梁,家长会、电话、微信等都是很好的沟通平台,只有老师主动与家长沟通学生情况,家长才能配合学校、老师的工作;也只有家长信任老师,为学生解除和老师之间的隔阂、误会,学生才能听其师、信其师。另外让家委会参与学校工作,就可以带动其他家长走入学校,从而深入地了解学校,理解老师的工作,从而支持老师,支持学校,并为学校发展建言献策。只有家委会、家长真正走进学校,家长和学校才能真正拧成一股绳,实现双赢!

"穿校服"是小事,但折射出的是家校沟通的大事。所以,家校共育,我们依然在路上……

2018 年 1 月 16 日 周二 天气冷

## 寒冬里的一抹暖阳

说实话,我不是很喜欢冬天。在这样的季节里,水是冷的,空气是冷的,心似乎也因为寒冷而变得僵硬。可是今年的寒冬腊月,我却从心里感到温暖,因为我们学校的家委会走进了学校……

现实社会中不时出现家校矛盾的案例。家长不理解老师,甚至因为老师的过失进行敲诈的大有人在。因为这些案例,老师变得施教时战战兢兢,面对调皮学生怕惹祸上身,不敢管。时间一久,家校关系越来越紧张,形成恶性循环。家长不尊重老师,老师埋怨家长,好像家长和学校水火不相容。但是我校自成立家委会以来,家长走进了学校,成为家校联系的纽带,问题渐渐好转了。

学期之初,为盖新教学楼,需拆迁邻居京剧团。但是因为钉子户的原因,怎么也拆不下来。家委会姜主任知道后带领学校家委会成员放弃休息时间主动到钉子户家做劝说工作,一次、两次,不厌其烦,令人动容;二年级一班的两名家委会主任因为李老师生病了,主动到校帮数学老师维持课间秩序,帮着送学生出校园,对学生的安全叮咛嘱咐,那认真的态度绝不逊色于我们老师。一年级六班的王增清主任在期末复习的关键时刻,又主动走进课堂,擦黑板、维持秩序、打扫教室卫生、帮语文老师看卷子……凡是老师干的活她都干了。

问她为什么这样？很朴实的回答："我有时间，只要能帮到老师，不影响老师，我就很高兴。因为我觉着老师整天面对这么多的孩子，很辛苦。同时，我也能帮其他的家长看管一下孩子，协助孩子养成良好的学习习惯。"这样的家委会主任还有很多很多。我深切感受到家长可能教学水平低，但素质绝对不低。

在家校关系如此寒冷的冬季，学校家委会如一抹暖阳照进我们校园，我们感受到了手牵手的温暖。这些家长主动走进学校，帮助老师，感动了老师，也温暖了学校。可能有些家长很不理解家委会的这种做法。可是，家长们有没有想过他们这样做的效果呢？直接的影响是让孩子们感受到家长对学校的爱，他们会因此更加热爱自己的学校。间接的影响是让孩子觉得：我妈妈（爸爸）这么信任老师，老师也这么信任家长，他们相处得这么融洽。我也一定听老师的话，尊重老师，好好学习，做最好的孩子。这就是孔子说的亲其师，方能信其道。

感谢家委会的加入，感谢寒冬里的这抹暖阳，感谢他们的默默坚守。但愿在学校的努力下，在家委会的参与下，家校关系越来越和谐。因为只有在和谐的氛围里，孩子身心才能健康发展，才能茁壮成长！

## 第三节 孩子篇

2017 年 12 月 26 日 周二 上海 晴暖

## 让孩子成为他自己

今天下午专家报告的主题是未成年人思想品德教育和家庭教育。教授讲得很精彩，分析了当前教育的现状和家庭教育的情况，我认为分析得很客观。

让我们的孩子成为他（她）自己，这个观点我很欣赏。美国心理学家狄更斯说过："你一生唯一能做的事情就是让自己成为自己。"

教育其实就是大人逐渐放手的过程。道理都懂，但现实中家长这样做了吗？现实中的家长一般有这几种类型：一是保姆型。以爱孩子的名义替孩子作所有决定，解决所有困难，不让孩子干一点儿家务活。理由就是孩子只要学习好就行。殊不知，家长的大包大揽，使孩子失去了动手实践和锻炼的机会，不仅失去了体验的快乐，而且致使生活能力低下，不利于以后的生活。一个人的工作干得再好，最后也得回归家庭，和家人一起其乐融融地干家务的乐趣还是必须要享受的，这也算是生活的必备技能吧！再是父母的包办会让父母沦为孩子永远的保姆，子女还觉着理所当然，不知感恩。

还有一种是限制型父母。也就是给孩子的爱是有条件的。不论让孩子干什么，都是为了自己给孩子定下的目标，从不考虑孩子的需求。当今辅导班为何这么有市场？不都是迎合了家长的需求吗？孩子真正愿意上的辅导班有多少？如果孩子真的愿意去学什么特长或者主动参与补课，那离孩子成为他（她）自己也就指日可待了。

那么在孩子成长的过程中，难道家长是多余的吗？非也！要想让孩子成为最好的自己，家长不能缺席孩子成长的每一个重要阶段，因为每个阶段孩子都有成长的烦恼，都需要家长的陪伴和引导。在孩子特定的阶段，如孩子的青春期，你发现异常了吗？如何给予帮助和支持，都需要我们去深思。教育是一条觉察之路，我们家长要善于觉察问题，解决问题，而不是积累问题。只不过我们对孩子的觉察总是那么慢……

家长请不要包办孩子的一切，放手让孩子决定自己的喜好，释放自己的悲欢，体验自己的成功。在孩子成长的过程中，让孩子成为他自己。

# 第七章 教育心得

**2017年12月28日 周四 上海 下雨**

## 关注孩子的终身发展

今晚是在上海的最后一晚,躺在床上梳理今天的学习收获。上海特级校长卢校长讲的"教育要关注学生的终身发展",我很赞赏!说得更通俗一点,就是让我们的学生今天能通过考试,明天无论干什么工作都能走得更远!

我们先来理解第一句:今天在学校孩子能通过考试。所谓"能通过考试",就是让学生能顺利地考上大学,迈上大学台阶,对于孩子来说是很重要的平台。作为教师就应服务好孩子,采取措施激励孩子达成这个目标。具体怎么去做呢?小学阶段,关键是习惯的养成。教师和家长应致力培养孩子良好的行为习惯、学习习惯。学习习惯主要是自主学习和主动探究的习惯。良好的习惯一旦养成,学生就能对自己的学习行为作出合理主动的安排。这个孩子的学习成绩就不会突破底线,也就是不会到无药可救的地步。只要在底线以上,教师就能提供给学生合理的更多的课程。也就是以更优异的成绩通过考试,达到理想的平台。

明天怎样才能走得更远?有这样一个例子:一个农村的孩子在高中是"学霸",考上了清华,是全村人的骄傲。可他到了清华后,却处处不适应,跟同学说不上话,感觉同学处处比自己好,从此"学霸"的自信一落千丈,学习成绩也在同学中垫底……时间久了,不仅游离于同学之外,更痛心的是因为不适应而辍学了。老师问他有什么打算,他居然说:"回去重考一所差点的学校,再做'学霸'!"这个承载着全村人希望的"学霸"就这样辍学了。看到这里,你想到了什么?这个学生的价值观是什么?为什么不能对自己准确定位?老师和家长帮他建立适合自己标准的价值观了吗?为什么有这么好的平台却走不远?

习惯培养很重要,因为好习惯成就好人生。一个人从小养成了正确的、合适的价值标准,那么他以后的人生路就会走得更远、更精彩!一个人的优秀品质往往在重大时刻或紧要关头表现出来，但是，它是在无关紧要的时刻和琐碎的日子里形成的。也就是一切好的品质靠平时的习惯养成。所以，学校教育不仅关注孩子的今天，更应为孩子的一生负责！

2018年1月18日 周四 天气冷

## 也谈"树大自直"

　　一棵幼苗要长成参天大树，离不开阳光、水分。没有阳光的照耀，没有水分的滋养，就像一个人失去了营养一样，很快就会干枯。有了阳光的沐浴，有了水分的滋润，这棵树才有可能长得枝叶繁茂。但是，树木在生长的过程中，如果没人管理、没人修剪，这棵树能否成为可用之才，还很难下定论。结果可能有两种：一类是树种本身不需要修剪，只要给予阳光和水分就能苗壮成长，这一类树苗不论在怎样恶劣的环境里都能苗壮成长。这绝对属于根正苗红、树小也直的那种。还有一类树苗如果离开园丁们的培育和呵护，可能会成长"歪脖子树"。很小的时候，我就听老人们说"孩子小，调皮，不用管他，树大自直"。今天想来，我不太认可。觉得这是一种顺其自然的教育观点，可我认为顺其自然不是两手一摊不作为，而是全力以赴后的不强求。在从教的过程中，我遇到过不少调皮、不爱学习、不守纪律甚至行为习惯很差的孩子。我总是竭尽所能地帮助他们养成良好的习惯，我要把他们长出的阻碍正常、健康生长的"枝条"统统剪掉，这样他们才能长得更"直"。因为我相信玉不琢不成器。事实证明，我的观点和做法是正确的。如果这类孩子在没修剪的情况下"自直"了，纯属家风正，也就是根正苗红。在这样家庭中成长的孩子，父母虽然管得少，但身教重于言教，事事给孩子带头，孩子自然会以父母为榜样，所以"树大自直"了。但并不是所有的孩子都根正苗红。还有不少的家长，总说自己很忙，忙上网，忙刷朋友圈，忙应酬，认为学习是孩子的事。为了不打搅自己的私生活，就把电脑、电视推给孩子,也有的把孩子推向小饭桌。有的孩子学会撒谎,不完成作业成为常态;缺少了陪伴,孩子慢慢会失去自制能力。这样的孩子能"树大自直"吗?树要修剪,要扶要培,孩子也一样。弯曲的小树不会自直,放纵坏了的孩子大概也不会自尊自立。

作为家长,我们应该及时关注孩子,了解孩子,在孩子成长的路上一路同行,才能让孩子真正做到"树大自直"。

2020年12月3日

## 最好的班级管理是激发学生自主管理

这几天巡堂,发现青年班主任和青年教师的课堂教学、班级管理与有经验的老教师比较有差距,存在不少问题。

课堂上学生主动学习欠缺。有的课堂上老师大讲,学生小讲;卫生差,学生课桌凌乱;学生秩序差,感觉乱哄哄。近期我在一本刊物上看到一篇文章,主题是:最好的班级管理是激发学生自主管理。读后深受启发,现在结合自己的实践谈谈怎样激发学生自主管理。

没有规矩,不成方圆。班主任和学生开学伊始应一起建立健全规章制度。一起制定的制度,大家一起遵守。如规定不随便扔纸,就要做到不随便扔纸。一旦违反,在"品行银行"中扣掉相应分值。规定课间文明有序,不大声喧哗,就要做到不大声喧哗,不追逐打闹。一旦违反,在"品行银行"中扣掉相应分值。表现好的,奖励相应分值。以此约束全体学生遵守班规班纪,这是班级管理的底线。

抓习惯就是抓质量。培根在谈到习惯时深有感触地说:"习惯真是一种顽强而巨大的力量,它可以主宰人的一生,因此,从幼年起就应该通过教育培养一种良好的习惯。"

国内外教学研究统计资料表明，对于绝大多数学生来说，学习的好坏，百分之二十与智力因素相关，百分之八十与非智力因素相关。古今中外在学术上有所建树者，无一不具有良好的学习习惯。成功的秘诀就是从小养成良好的学习习惯。所以，要抓教学质量必须从培养学生良好的学习习惯入手。而培养学生良好的学习习惯只靠班主任一人显然是心有余而力不足，要培养一批得力干将才行，也就是要培养好班干部。班干部培养好了，给他们明确分工，他们就会协助班主任抓实学生管理，持之以恒地帮助同学们养成良好的学习习惯。

增强班级集体荣誉意识，是学生主动进行自我管理的基本要求。班主任可以和学生一块制订班级奋斗目标，从学习、活动、卫生、纪律等各个方面树立目标，组织全体学生一起奋斗，一起体验达成目标后的幸福和快乐，使学生懂得幸福是奋斗出来的，荣誉靠自己去创造。

另外，还可以开展"一生一梦想"活动。让学生从小树立远大梦想，帮学生从小做好规划，让学生分阶段完成。小学、初中、高中、大学等毕业后要达到什么目标，让学生书写出来，并张贴在教室内。班主任每周一提醒，让学生时刻警醒，时刻朝着目标努力！

班级文化是一个班级的灵魂，是引领学生积极向上的风向标。营造特色文化氛围，创造班级集团荣誉凝聚人心，让学生对自己的班级产生认同，这时的管理就会事半功倍。

积极向上的班级文化可以凝聚人心，可以催人积极向上。在确立班级文化时，师生一同进行交流、讨论和修改，班主任负责起草成文，大家共同形成的规矩更容易让学生记住和遵守。如大家共同制定的班级文化是"好好学习、天天向上"，班主任就可以拿它大做文章。教育学生以班级文化为标杆，让学生对照和反思，鼓励学生做最好的自己。

最后，讲好班级故事。强化学生的班级责任感和集体意识。逐渐形成班级文化共识和共同价值观。不时地发现班级中的好人好事，利用主题班队会时间宣讲表彰,强化学生的班级责任感和集体意识。久而久之,班级的正能量就占据上风,犯错误的学生就会越来越少,学生的自主管理意识就会越来越强。